Diplôme Na
Brev
Franç

internotes.fr

Version 2018 - 2019

**Mieux que des annales : des sujets inédits corrigés
- Diplôme National du Brevet – Français
© Copyright 2018 - internotes.fr - Tous droits réservés.**

AVANT-PROPOS

Le Diplôme National du Brevet (DNB) est le premier diplôme qu'un élève obtient au cours de sa scolarité. Sa réussite influe sur la confiance en soi pour poursuivre ses études.
Aussi, nous avons conçu une série d'ouvrages pour préparer, le plus efficacement possible, les élèves de Troisième.

Alors que les autres livres reprennent les sujets des années précédentes, notre approche est totalement différente. Vous ne trouverez que des sujets inédits corrigés (avec des exercices que vous n'avez pas déjà travaillés en cours d'année) qui respectent les exigences de l'examen et qui couvrent l'intégralité du programme.

Ce livre porte exclusivement sur la discipline Français.
Retrouvez 4 **sujets thématiques corrigés**. Avec une indication quant au contenu, ils vous permettent de travailler tout au long de l'année et avant les examens blancs. Chaque sujet d'entraînement comporte 3 parties :
   - Questions – Réécriture
   - Dictée
   - Rédaction
Retrouvez également **2 sujets d'examen corrigés** pour vous préparer à l'épreuve finale.

Mais avant cela, nous vous présentons l'épreuve et les conseils à suivre pour décrocher le diplôme.

La collection des livres Mieux que des annales : des sujets inédits corrigés de internotes.fr est complète pour se préparer au mieux aux épreuves écrites du DNB. Retrouvez également :

- **Diplôme National du Brevet - Histoire – Géographie - Enseignement Moral et Civique**
- **Diplôme National du Brevet - Mathématiques**
- **Diplôme National du Brevet – Sciences**
- **Diplôme National du Brevet – Français**

SOMMAIRE

Partie 1 : Présentation du Diplôme National du Brevet

A- L'épreuve du Diplôme National du Brevet (DNB)

Le diplôme national du brevet évalue les connaissances et les compétences acquises par les élèves à la fin du collège.

En 2018, une réforme de cet examen a équilibré la part du contrôle continu et des épreuves finales. Désormais, les collégiens en fin de classe de Troisième doivent passer cinq épreuves obligatoires qui complètent l'évaluation du socle commun.

Il y a donc trois composantes à l'examen du DNB : le socle commun, les quatre épreuves écrites et l'épreuve orale.

1) L'évaluation du socle commun de connaissances, de compétences et de culture (sur 400 points) :

Le niveau de maîtrise dépend des résultats que vous obtenez tout au long de l'année dans l'ensemble des disciplines.

En fin de classe de Troisième, les professeurs évaluent leurs élèves en appréciant leurs acquis pour les huit composantes que sont :

* Langue française à l'oral et à l'écrit
* Langages mathématiques, scientifiques et informatiques
* Représentation du monde et de l'activité humaine
* Langues étrangères et régionales
* Systèmes naturels et systèmes techniques
* Langages des arts et du corps
* Formation de la personne et du citoyen
* Méthodes et outils pour apprendre.

Chacune de ces composantes est évaluée et donne droit à des points, en fonction du niveau de maîtrise :

* Maîtrise insuffisante (10 points)
* Maîtrise fragile (25 points)
* Maîtrise satisfaisante (40 points)
* Très bonne maîtrise (50 points)

En option, des enseignements facultatifs (latin, grec, langues régionales, ...) peuvent permettre d'obtenir jusqu'à 20 points supplémentaires. Vous obtenez 10 points si l'objectif est atteint ou 20 points si l'objectif est dépassé.

2) Les épreuves écrites (sur 300 points) :

Fin Juin, les élèves de Troisième doivent passer 4 épreuves :

- Le Français (100 points) : à partir d'un extrait de texte littéraire et d'une image, cette épreuve de 3 heures permet d'évaluer les compétences linguistiques (grammaire, conjugaison, vocabulaire, ...), les compétences de compréhension et d'interprétation, mais aussi la capacité à réaliser une dictée et une rédaction.
- Les Mathématiques (100 points) : pendant 2 heures, les collégiens doivent réaliser plusieurs exercices qui nécessitent l'interprétation de données issues de tableaux ou de schémas. Parmi ces exercices, un est en lien avec le domaine informatique (algorithme, tableur, ...).
- L'Histoire – Géographie – Enseignement Moral et Civique (50 points) : une épreuve de 2 heures pour prouver sa capacité à analyser et comprendre des documents, à utiliser des langages et des repères (historiques et géographiques) et à mobiliser des compétences en enseignement moral et civique.
- Les Sciences (50 points) : en 1 heure, des exercices sont proposés sur 2 des 3 disciplines que sont la Physique-Chimie, les Sciences de la vie et de la Terre (SVT) et la technologie.

3) L'épreuve orale (sur 100 points) :

L'épreuve orale est soit individuelle et dure alors 15 minutes (5 minutes d'exposé et 10 minutes d'entretien), soit collective de 25 minutes (10 minutes d'exposé et 15 minutes d'entretien).

Il s'agit de la présentation d'un projet travaillé dans le cadre d'un enseignement pratique interdisciplinaire (EPI) ou d'un des parcours éducatifs ou de l'Histoire des Arts.

Elle permet notamment d'évaluer la qualité de l'expression orale, la conduite de projet, le travail en équipe et l'autonomie.

La maîtrise de la langue est au cœur de cette épreuve : la qualité de l'expression orale vaut pour la moitié des points.

Elle évalue également l'implication des collégiens. L'élève présente un projet interdisciplinaire qu'il a conduit dans le cadre des enseignements pratiques interdisciplinaires ou des parcours d'éducation artistique et culturelle, Avenir et citoyen. L'élève choisit le projet qu'il souhaite présenter. L'évaluation du travail fait et des connaissances acquises dans le cadre du projet vaut pour la moitié des points.

Cette épreuve est organisée au sein de chaque établissement dès le début du mois d'Avril.

B- L'obtention du DNB :

Pour obtenir le diplôme, il faut avoir au minimum la moyenne, soit 400 points ou plus sur les 800 points de l'examen.
Il est également possible de décrocher une mention :
- à partir de 480 points : mention « assez bien »,
- à partir de 560 points : mention « bien »,
- à partir de 640 points : mention « très bien ».

Les mentions « bien » et « très bien » permettent également, sous certaines conditions, de bénéficier de bourses au mérite.

Les résultats sont communiqués au début du mois de Juillet et une cérémonie républicaine de remise des diplômes est organisée, au cours des mois de septembre / octobre, pour les lauréats dans leur collège. Il s'agit d'une remise officielle des diplômes obtenus l'année scolaire précédente qui rassemble la communauté éducative et les élus locaux (maires, conseillers départementaux, ...) pour féliciter les élèves qui ont brillamment obtenu leur premier diplôme, tout en valorisant l'école et la réussite.

C- Les conseils pour réussir

Voici les dix conseils à suivre pour réussir les épreuves écrites :

1) Planifiez vos révisions et entraînements
Faites un planning qui reprend tous vos créneaux horaires disponibles en semaine et le week-end, sur plusieurs semaines avec l'examen. Répartissez les heures en fonction du nombre de matières et de vos besoins.
Aménagez-vous également des temps de repos et de loisirs, nécessaires à votre équilibre.

2) Révisez
En plus des fiches synthétiques de cours, reprenez tous vos contrôles et exercices et pensez, chapitre par chapitre, aux sujets qui pourraient tomber. Vérifiez que vous êtes capable d'y répondre.

3) Entraînez-vous à l'écrit
En travaillant sur des sujets, préparez-vous aux épreuves écrites. L'idéal n'est pas de lire le sujet et de consulter le corrigé

immédiatement sans avoir réfléchi mais de rédiger intégralement la réponse. Vous devez vous mettre dans les mêmes conditions qu'à l'examen, en produisant une copie intégrale.

4) Préparez votre matériel
Il est interdit de demander quelque chose à votre voisin au cours des épreuves. Vérifiez que vous possédez tout le matériel nécessaire pour réaliser tous les exercices qui peuvent être demandés (trousse complète, crayons de couleur, matériel de géométrie, calculatrice chargée, …), ainsi que votre convocation et un papier d'identité (carte nationale d'identité).
Vous pouvez également apporter un petit en-cas et une boisson, pour éviter d'avoir faim ou soif pendant les épreuves.

5) Arrivez en forme le jour J
En période de révisions, prêtez une attention particulière à votre capital santé (heures de sommeil, alimentation équilibrée, apports en vitamines, activité physique) pour être dans la meilleure forme possible le jour de l'examen.

6) Soyez à l'heure
Prévoyez un temps de déplacement suffisant pour ne pas rater le début des épreuves.

7) Lisez bien les énoncés
Dans l'énoncé, beaucoup d'indications sont données. Les questions formulées doivent vous aiguiller dans vos réponses. Par exemple, « En déduire » signifie que vous devez utiliser la réponse trouvée à la (ou les) question(s) précédente(s). Ou encore « quels exemples » écrit au pluriel impose que vous apportiez au moins deux éléments de réponse.

8) Passez les épreuves avec sérieux
Soyez concentré et motivé. Répondez à toutes les questions (vous ne pourrez pas perdre de points pour une réponse erronée).

9) Gérez votre temps lors des épreuves
Le temps attribué est un temps jugé nécessaire. Vous ne devez en aucun cas sortir au bout d'une heure lors d'une épreuve de trois heures. Dès le début de l'épreuve, définissez un timing que vous respecterez. Pensez à conserver du temps pour la relecture et la correction des fautes.

10) Vérifiez vos copies

Rendez bien toutes les feuilles que vous avez préparées et les éléments de l'énoncé qui doivent être rendus. Vérifiez que vous ne rapportez que des brouillons chez vous.

Partie 2 : L'épreuve de Français

A- Présentation de l'épreuve de Français

Basée sur les programmes de Français de la classe de troisième, l'épreuve évalue les aptitudes des candidats pour :

- Comprendre des documents,

- Lire,

- Écrire et s'exprimer à l'écrit,

- Comprendre le fonctionnement de la langue,

- Valider l'acquisition des éléments de culture littéraire et artistique.

L'épreuve prend appui sur un corpus de français, composé d'un texte littéraire et éventuellement d'une image en rapport avec le texte.

Elle comporte ainsi trois parties :

- Un travail sur le texte littéraire et, éventuellement, sur une image (50 points - 1 h 10 minutes) pour évaluer à la fois la compréhension du texte et les compétences d'interprétation, mais aussi les compétences linguistiques et la maîtrise de la grammaire (notamment grâce à l'exercice de réécriture).

- Une dictée (10 points - 20 minutes) de 600 signes environ pour les candidats de série générale.

- Une rédaction (40 points - 1 h 30 minutes) avec deux sujets au choix.

B- Conseils pour réussir l'épreuve de Français – avant l'examen

Révisez tout au long de l'année
Apprenez régulièrement vos cours pour ne pas être submergé quelques jours avant l'examen. Le mieux est de faire des fiches au fur et à mesure de l'année.

Utilisez des ressources plus interactives
N'hésitez pas à visionner des vidéos qui traitent des chapitres qui vous posent des difficultés. Pour certains la mémoire visuelle est très développée et cette méthode permet de retenir plus facilement.

Entrainez-vous à l'épreuve écrite
Exercez-vous à partir de sujets corrigés en rédigeant les réponses dans leur intégralité et en vous entraînant à produire des rédactions.

C- Conseils pour réussir l'épreuve de Français – le jour J

Gérez votre temps
En 3 heures, vous devez traiter les trois parties du sujet. Prévoyez donc 60 minutes pour la partie question et réécriture avec en plus 10 minutes de relecture et correction ; employez l'intégralité de la durée de 20 minutes pour réaliser la dictée en recherchant les accords et des mots de la même famille pour corriger vos fautes ; et 90 minutes pour la rédaction avec 10 minutes pour élaborer un plan, 70 minutes pour rédiger et 10 minutes pour vous relire.

Lisez bien les énoncés
Faites attention à la formulation des questions pour pouvoir répondre à ce qui est demandé.

Exploitez les documents fournis
Lisez les titres des documents, la nature, la date et repérez également l'auteur. Ce sont des indications précieuses.

Adoptez une rédaction efficace
Structurez votre réponse en établissant au préalable un plan qui doit être équilibré : deux ou trois parties avec deux ou trois idées par partie.
Employez des phrases simples qui sont compréhensibles.
N'utilisez pas la première personne sauf si la question vous demande de donner votre avis, ni le pronom « on » qui ne peut être employé à l'écrit.
Enfin, vérifiez que vous intégrez suffisamment de connaissances en repérant les éléments qui pourraient vous rapporter des points.

Ne répondez pas aux questions dans l'ordre
Commencez par les parties ou questions qui, selon vous, sont les

plus faciles. Vous pouvez sauter une question à laquelle vous bloquez pour y revenir plus tard. Par contre, n'oubliez pas de noter le numéro de la question à laquelle vous répondez.

N'hésitez pas à utiliser les feuilles de brouillon

Elles vous permettent de noter des informations pour mieux les comprendre, d'élaborer un plan ou de rédiger un premier jet avant de recopier.

Rendez une copie propre

Utilisez une règle pour souligner, ne rendez pas une feuille raturée (ni recouverte de correcteur) et soignez votre écriture. N'hésitez pas à aérer votre devoir.

Partie 3 : Les sujets thématiques inédits et corrigés

Sujet numéro 1 : Fiction, Écriture d'une lettre

Durée : 3H

Ce passage traite de la tristement célèbre bataille d'Ypres, aussi connue sous le nom de bataille des Flandres, qui débuta en octobre 1914.

Il y avait des mois que les trente étaient des millions, décimés, épuisés, colonie de morts-vivants terrés dans les boues de la Somme et de la Marne, lancés abrutis de sommeil dans des contre-attaques meurtrières pour le gain d'une colline perdue le lendemain et le massacre de divisions entières, pions déplacés sur les cartes d'état-major par d'insensés Nivelle*, plan Schlieffen* contre plan XVII*, tête-à-tête de cervidés enchevêtrés figés dans leurs ramures.

C'est ainsi que Joseph vit se lever une aube olivâtre sur la plaine d'Ypres. Dieu, ce matin-là, était avec eux. Le vent complice poussait la brume verte en direction des lignes françaises, pesamment plaquée au sol, grand corps mou épousant les moindres aspérités du terrain, s'engouffrant dans les cratères, avalant les bosses et les frises de barbelés, marée verticale comme celle en mer Rouge qui engloutit les chars de l'armée du pharaon.

L'officier ordonna d'ouvrir le feu. Il présumait que derrière ce leurre se dissimulait une attaque d'envergure. C'était sans doute la première fois qu'on cherchait à tuer le vent. La fusillade libéra les esprits sans freiner la progression de l'immense nappe bouillonnante, méthodique, inexorable. Et, maintenant qu'elle était proche à les toucher, levant devant leurs yeux effarés un bras dérisoire pour s'en protéger, les hommes se demandaient quelle cruauté on avait encore inventée pour leur malheur. Les premiers filets de gaz se déversèrent dans la tranchée.

Voilà. La Terre n'était plus cette uniforme et magnifique boule bleue que l'on admire du fond de l'univers. Au-dessus d'Ypres s'étalait une horrible tache verdâtre. Oh, bien sûr, l'aube de méthane des premiers matins du monde n'était pas hospitalière, ce bleu qu'on nous envie, lumière solaire à nos yeux diffractée, pas plus que nos vies n'est éternel. Il virera selon les saisons de la nature et l'inclémence des hommes au pourpre ou au safran, mais cette coloration pistache le long de l'Yser relevait, elle, d'une intention maléfique. Maintenant, le brouillard chloré rampe dans le lacis* des boyaux, s'infiltre dans les abris (de simples planches à cheval sur la tranchée), se niche dans les trous de fortune, s'insinue entre les cloisons rudimentaires des casemates ; plonge au fond des chambres souterraines jusque-là préservées des obus, souille le ravitaillement et les réserves d'eau, occupe sans répit l'espace, si bien que la recherche frénétique d'une bouffée d'air pur est désespérément vaine, confine à la folie dans des souffrances atroces. Le premier réflexe est d'enfouir le nez dans la vareuse, mais la provision d'oxygène y est si réduite qu'elle s'épuise en trois inspirations. Il faut ressortir la tête et, après de longues secondes d'apnée, inhaler l'horrible mixture. Nous n'avons jamais vraiment écouté ces vieillards de vingt ans dont le témoignage nous aiderait à remonter les chemins de l'horreur : l'intolérable brûlure aux yeux, au nez, à la gorge, de suffocantes douleurs dans la poitrine, une toux violente qui déchire la plèvre et les bronches, amène une bave de sang aux lèvres, le corps plié en deux secoué d'âcres vomissements, écroulés recroquevillés que la mort ramassera bientôt, piétinés par les plus vaillants qui tentent, mains au rebord de la tranchée, de se hisser au-dehors, de s'extraire de ce grouillement de vers humains, mais les pieds s'emmêlent dans les fils téléphoniques agrafés le long de la paroi, et l'éboulement qui s'ensuit provoque la réapparition par morceaux des cadavres de l'automne sommairement enterrés dans le parapet, et à peine en surface c'est la pénible course à travers la brume verte et l'infect marigot, une jambe soudain aspirée dans une chape de glaise molle, et l'effort pour s'en retirer sollicite violemment les poumons, les chutes dans les flaques nauséabondes, pieds et mains gainés dune boue glaciaire, le corps toujours secoué de râles brûlants, et, quand enfin la nappe est dépassée – ô fraîche transparence de l'air - , les vieilles recettes de la guerre par un bombardement intensif fauchent les rescapés.

Jean Rouaud, *Les champs d'honneur*, 1990, éditions de Minuit, p. 153 à 156.

* *Nivelle (Robert Georges) : Militaire français (1856 -1924), commandant en chef des armées.*
* *Plan Schieffen : Plan d'attaque militaire allemand*
* *Plan XVII : Plan militaire français*

* Lacis : Réseau de fils, de vaisseaux, de routes, ... entrecroisés, entrelacés

PREMIÈRE PARTIE : QUESTIONS – RÉÉCRITURE - DICTÉE (50 points) – 1H30

I – QUESTIONS (42 points)

1- Qui sont les personnages ? Où se trouvent-ils ? Dans quelle situation se trouvent-ils ? (4 points)

2- À quoi sont comparés les personnages ? Expliquez le choix de l'auteur. (4 points)

3- Quels sont les deux principaux temps verbaux utilisés ? Quelles sont leurs valeurs ? (2 points)

4- a) Dans le texte, quelle nouvelle arme est utilisée ? Relevez tous les groupes nominaux employés pour la désigner. (2 points)
    b) Quelles couleurs sont associées à l'arme ? Comment peut-on qualifier ces couleurs ? (2 points)
    c) Quel est l'effet produit ?(2 points)

5- « C'est ainsi que Joseph vit se lever une aube olivâtre sur la plaine d'Ypres. »
    a) Décomposez l'adjectif qualificatif ? (2 points)
    b) Quelle est sa fonction ? (2 points)

6- Relevez des expressions qui montrent que les soldats ne comprennent pas ce qui se passe. (4 points)

7- Relevez quatre figures de style de types différents dans le texte. Expliquez-les. (4 points)

8- Relevez tous les mots appartenant au champ lexical de la respiration. Expliquez l'emploi de ce champ lexical. (6 points)

9- Expliquez l'expression « ces vieillards de vingt ans ». (2 points)

10- D'après vous, quel sera le sort des soldats ? (4 points)

11- Quel est le registre de ce texte ? Justifiez. (2 points)

II – RÉÉCRITURE (8 points)

Réécrivez ces deux phrases en employant le passé-simple et en remplaçant « le brouillard » par « les brumes » et en procédant à tous les changements nécessaires.

« (…) Le brouillard chloré rampe dans le lacis des boyaux, s'infiltre dans les abris (de simples planches à cheval sur la tranchée), se niche dans les trous de fortune, s'insinue entre les cloisons rudimentaires des casemates ; plonge au fond des chambres souterraines jusque-là préservées des obus, souille le ravitaillement et les réserves d'eau, occupe sans répit l'espace, si bien que la recherche frénétique d'une bouffée d'air pur est désespérément vaine, confine à la folie dans des souffrances atroces. »

III – DICTÉE (10 points)

Veuillez demander à quelqu'un de votre entourage de vous lire le texte présent dans le corrigé en indiquant l'orthographe des mots suivants :
Commercy, Mathilde, Emile
et en mentionnant que les termes « Polonaise » **et** « Français » **prennent une majuscule.**

DEUXIÈME PARTIE : RÉDACTION (40 POINTS) – 1H30

Vous traiterez le sujet de rédaction suivant.
L'utilisation d'un dictionnaire de langue française est autorisée.

SUJET

Joseph a survécu à l'attaque sur la plaine d'Ypres.
Il écrit une lettre à sa famille.
Après avoir narré sa journée, il décrit ses sentiments et aborde ses espoirs.

CONSIGNES

Rédigez cette lettre en une trentaine de lignes.
Vous devez respecter la situation d'énonciation, ainsi que les caractéristiques d'une lettre (présentation et rédaction).

Sujet numéro 1 : Corrigé

PREMIÈRE PARTIE : QUESTIONS – RÉÉCRITURE - DICTÉE – 1H30

I – QUESTIONS (15 points)

1- Qui sont les personnages ? Où se trouvent-ils ? Dans quelle situation se trouvent-ils ?
Les personnages sont des soldats de la Première Guerre Mondiale (« des poilus »). Ils sont nommés « eux » , « les hommes ». Certains sont distingués, comme « Joseph », « l'officier ».
Les soldats se trouvent sur le champ de bataille, côté français (« lignes françaises »), dans une tranchée.
Ils participent à une fusillade, alors qu'ils reçoivent du gaz.

2- À quoi sont comparés les personnages ? Expliquez le choix de l'auteur.
Les personnages sont d'abord comparés à des morts-vivants, puis à des pions et enfin à des animaux « cervidés ».
L'auteur veut ainsi montrer leur impuissance. Ce ne sont plus des hommes capables d'agir, mais des animaux, des objets ou des morts.

3- Quels sont les deux principaux temps verbaux utilisés ? Quelles sont leurs valeurs ?
Les deux principaux temps utilisés sont l'imparfait et le passé-simple de l'indicatif.
L'imparfait (ex : « avait » ou « était ») est utilisé pour les descriptions et les actions de second plan; alors que le passé-simple (ex : « vit » ou « libéra ») est employé pour les actions courtes de premier plan.

4- a) Dans le texte, quelle nouvelle arme est utilisée ? Relevez tous les groupes nominaux employés pour la désigner.
La nouvelle arme utilisée est le gaz. Cette arme est désignée par les groupes nominaux suivants : « brume verte », « grand corps mou », « marée verticale », « immense nappe », « les premiers filets de gaz », « horrible tâche verdâtre », « le brouillard chloré »,

« l'horrible mixture ».

b) Quelles couleurs sont associées à l'arme ? Comment peut-on qualifier ces couleurs ?

Les couleurs associées au gaz sont « olivâtre », « verdâtre », bleu, pistache, vert. Ce sont des couleurs froides, sales, indéfinissables.

c) Quel est l'effet produit ?

Les couleurs froides font référence à la mort.

5- « C'est ainsi que Joseph vit se lever une aube olivâtre sur la plaine d'Ypres. »

a) Décomposez l'adjectif qualificatif ?

L'adjectif qualificatif est olivâtre. Il est composé d'un radical « olive » et d'un suffixe péjoratif « âtre ».

b) Quelle est sa fonction ?

L'adjectif olivâtre est épithète lié, car il qualifie le nom aube, auquel il est rattaché.

6- Relevez des expressions qui montrent que les soldats ne comprennent pas ce qui se passe.

Les soldats ne comprennent pas ce qui leur arrive.

Tout d'abord, ils « ouvrent le feu » et cherchent à « tuer le vent ». Ensuite, ils pensent qu'il s'agit d'un simple « leurre » et pas d'une arme. Enfin, ils ne savent pas comment s'en protéger.

7- Relevez quatre figures de style de types différents dans le texte. Expliquez-les.

Il y a une métaphore qui compare les soldats à des morts-vivants, puis à des pions et à des animaux, suivie d'une comparaison.

Ensuite, une personnification du vent : « le vent complice ».

Puis, une énumération « bouillonnante, méthodique, inexorable » ou sur plusieurs lignes (« le brouillard chloré rampe dans le lacis* des boyaux, s'infiltre dans les abris (de simples planches à cheval sur la tranchée), se niche dans les trous de fortune, s'insinue entre les cloisons rudimentaires des casemates ; plonge au fond des chambres souterraines jusque-là préservées des obus, souille le ravitaillement et les réserves d'eau, occupe sans répit l'espace ».

Enfin, un oxymore : « vieillards de vingt ans ».

8- Relevez tous les mots appartenant au champ lexical de la respiration. Expliquez l'emploi de ce champ lexical.

Plusieurs mots appartiennent au champ lexical de la respiration : bouffées d'air pur, poumons, air, nez, oxygène, inspiration, apnée, gorge, toux, plèvre, bronches.

Ce champ lexical permet de détailler les étapes qui conduisent à la mort des soldats par étouffement.

9- Expliquez l'expression « ces vieillards de vingt ans ».
L'oxymore «ces vieillards de vingt ans» est employé pour souligner que les jeunes soldats ont vécu autant d'émotions et de souffrances que s'ils avaient vécu très longtemps.

10- D'après vous, quel sera le sort des soldats ?
Le texte est très pessimiste quant à l'avenir des soldats. La plupart meurent dans d'atroces souffrances, les autres (« les rescapés ») sont fauchés par un « bombardement intensif ».
De façon générale, beaucoup de soldats sont morts au cours de la Première Guerre Mondiale. Il est plus probable de dire que ces soldats vont eux aussi périr.

11- Quel est le registre de ce texte ? Justifiez.
Ce texte est pathétique, car le lecteur est ému en voyant l'horreur et la souffrance des soldats. Il inspire de la pitié. Il est même tragique au regard du dénouement malheureux (la mort des soldats).

II – RÉÉCRITURE

Réécrivez ces deux phrases en employant le passé-simple et en remplaçant « le brouillard » par « les brumes » et en procédant à tous les changements nécessaires.

« (...) Le brouillard chloré rampe dans le lacis des boyaux, s'infiltre dans les abris (de simples planches à cheval sur la tranchée), se niche dans les trous de fortune, s'insinue entre les cloisons rudimentaires des casemates ; plonge au fond des chambres souterraines jusque-là préservées des obus, souille le ravitaillement et les réserves d'eau, occupe sans répit l'espace, si bien que la recherche frénétique d'une bouffée d'air pur est désespérément vaine, confine à la folie dans des souffrances atroces. »

« (...) Les brumes chlorées rampèrent dans le lacis des boyaux, s'infiltrèrent dans les abris (de simples planches à cheval sur la tranchée), se nichèrent dans les trous de fortune, s'insinuèrent entre les cloisons rudimentaires des casemates ; plongèrent au fond des chambres souterraines jusque-là préservées des obus, souillèrent le ravitaillement et les réserves d'eau, occupèrent sans répit l'espace, si bien que la recherche frénétique d'une bouffée d'air pur fut désespérément vaine, confinèrent à la folie dans des souffrances atroces. »

III – DICTÉE

« La lettre de Commercy mit dix ans à arriver jusqu'à nous. Elle marqua pour Mathilde la fin de sa jeunesse, ce moment d'abdication où, si l'on s'autorise encore à rêver, c'est en s'interdisant désormais d'imaginer que la rêverie débouche un jour sur le réel. Dès la formule de condoléances, on comprend que rien de ce qu'on espère vraiment n'arrive jamais, qu'il n'y a pas de miracle, pas d'histoire de Polonaise aux grands yeux mettant le grappin sur un galant petit Français, pas d'amnésie provisoire, mais qu'Emile est bien mort. Simplement, son camarade signale l'avoir enterré de façon sommaire au pied d'un eucalyptus, où il saurait le retrouver si la famille se montrait désireuse de ramener le corps parmi les siens- ce qui avait été, semble-t-il, le désir du mourant et la raison de cet escamotage, pour éviter une inhumation collective ou la lente décomposition sur le champ de bataille.»

Jean Rouaud, *Les champs d'honneur*, 1990, Éditions de Minuit

DEUXIÈME PARTIE : RÉDACTION (15 POINTS) – 1H30

SUJET

Joseph a survécu à l'attaque sur la plaine d'Ypres.
Il écrit une lettre à sa famille.
Après avoir narré sa journée, il décrit ses sentiments et aborde ses espoirs.

CONSIGNES

Rédigez cette lettre en une trentaine de lignes.
Vous devez respecter la situation d'énonciation, ainsi que les caractéristiques d'une lettre (présentation et rédaction).

Méthode :
- Il faut conserver les éléments concernant les personnages (Poilus) et la situation (Gaz sur un champ de bataille, Joseph a survécu).
- Il fait élaborer un plan qui détaillera la journée en reprenant les éléments du texte.
- Ensuite, vérifiez que les sentiments de Joseph sont mentionnés, tout comme ses espoirs.
- Enfin, rédigez en utilisant la présentation d'une lettre : expéditeur, destinataire, date, lieu, formule de politesse initiale, formule d'accroche (introduction), paragraphes détaillés, formule de conclusion, formule de politesse finale.
- Faites attention aux temps employés et ne faites pas d'anachronismes.

Exemple de lettre écrite par Joseph :

Ypres, le 15 Novembre 1914

Mes chers parents,

J'aimerais me trouver à vos côtés et vous serrer contre moi. Mais, je suis toujours dans ces tranchées qui me paraissaient déjà inhumaines au cours des jours précédents et qui me semblent à présent être un véritable enfer.

Hier, au lever du jour, nous avons été attaqués par un ennemi plus vicieux, plus sournois encore que ces maudits allemands : du gaz. D'habitude, nous combattons des hommes armés. Certes, le combat est difficile mais nous n'avons aucune difficulté à l'identifier. Par contre, hier, l'ennemi était imperceptible, immatériel et transparent.
Nous avons tenté en vain d'ouvrir le feu sur ordre de notre officier. Aucun effet. Le gaz a emporté la majorité de mes camarades après une lente agonie de plusieurs heures. Aucun moyen de fuir, le gaz s'infiltre partout : dans les boyaux, les trous, les corps, les voies respiratoires. Difficile de rester suffisamment longtemps en apnée pour éviter une mort assurée. Difficile de ne pas entendre les cris de ceux qui, brûlés aux yeux, nez, gorge, poitrine, bronches, finissent par cracher du sang avant de succomber définitivement. Difficile de fuir ces tranchées jonchées d'anciens cadavres et de nouveaux corps, dans cette boue molle et au centre de cette mortelle nappe.

J'ai vraiment eu très peur hier, pensant que mon heure était venue. Perdu dans ce brouillard, je ne savais pas comment réagir. L'Armée nous a appris à lancer un assaut mais absolument aucun protocole de survie face à ces suffocantes douleurs. Je ne sais dire comment j'ai réussi à survivre mais je me rappelle de ma stupeur d'avoir survécu à l'enfer de cette brume verte et aux bombardements intensifs qui ont fauché beaucoup de rescapés.

En me réveillant ce matin, j'éprouvais des sentiments ambigus de tristesse et de joie. La tristesse du deuil de mes camarades et amis et la joie du survivant. J'avais vraiment l'impression d'être un miraculé. Maintenant, je sais que je ne risque plus rien et que je reviendrai vivant auprès de vous. Tout le monde nous dit que la guerre sera bientôt terminée. J'en suis convaincu et j'attends ce jour avec impatience.

J'espère que vous allez bien. Je ne reçois pas toujours de vos nouvelles mais je vous écris le plus souvent possible pour vous rassurer et car ces correspondances me replongent dans la normalité de ma vie passée.

Je vous aime très fort.
Portez-vous bien.

Joseph

Sujet numéro 2 : Poème, Écriture d'un poème
Durée : 3H

Le premier novembre 1755, le tremblement de terre de Lisbonne cause la mort de trente mille personnes et provoque un choc considérable sur Voltaire.

Ô malheureux mortels ! ô terre déplorable !
Ô de tous les mortels assemblage effroyable !
D'inutiles douleurs, éternel entretien !
Philosophes trompés qui criez : « Tout est bien » ;
Accourez, contemplez ces ruines affreuses,
Ces débris, ces lambeaux, ces cendres malheureuses,
Ces femmes, ces enfants l'un sur l'autre entassés,
Sous ces marbres rompus ces membres dispersés ;
Cent mille infortunés que la terre dévore,
Qui, sanglants, déchirés, et palpitants encore,
Enterrés sous leurs toits, terminent sans secours
Dans l'horreur des tourments leurs lamentables jours !
Aux cris demi-formés de leurs voix expirantes,
Au spectacle effrayant de leurs cendres fumantes,
Direz-vous : « C'est l'effet des éternelles lois
Qui d'un Dieu libre et bon nécessitent le choix ? »
Direz-vous, en voyant cet amas de victimes :
« Dieu s'est vengé, leur mort est le prix de leurs crimes ? »
Quel crime, quelle faute ont commis ces enfants
Sur le sein maternel écrasés et sanglants ?
Lisbonne, qui n'est plus, eut-elle plus de vices
Que Londres, que Paris, plongés dans les délices :
Lisbonne est abîmée, et l'on danse a Paris.
Tranquilles spectateurs, intrépides esprits,
De vos frères mourants contemplant les naufrages,
Vous recherchez en paix les causes des orages :
Mais du sort ennemi quand vous sentez les coups,
Devenus plus humains, vous pleurez comme nous.

Voltaire - Poème sur le désastre de Lisbonne - 1756

PREMIÈRE PARTIE : QUESTIONS – RÉÉCRITURE - DICTÉE (60 points) – 1H30

I – QUESTIONS (42 points)

1- En quoi ce texte appartient-il au genre poétique ? Utilisez deux indices pour argumenter votre réponse. (3 points)

2- Identifiez et nommez deux sentiments éprouvés par Voltaire suite à ce tremblement de terre. (3 points)

3- Qui sont les victimes en réalité ? Et d'après l'auteur ? Expliquez. (3 points)

4- Dans les vers 5 à 12 :
a) Relevez les deux principaux champs lexicaux. Pourquoi sont-ils associés ? (3 points)
b) Quel terme est répété plusieurs fois ? Quelle est sa nature ? (3 points)
c) Comment l'horreur est amplifiée ? (3 points)

5- Vers 8 :
a) Quelle figure de style est employée ? Que signifie-t-elle ? (1 point)
b) Relevez un autre vers reprenant la même figure de style. (1 point)

6- Décomposez le terme « infortunés » (vers 9) ? Quelle est sa nature ? Quelle est sa fonction ? (4 points)

7- Vers 21 à 26 :
a) Quels sont les lieux qui s'opposent ? Qu'est-ce qui les oppose ? (3 points)
b) Quels sont les pronoms personnels employés ? Qui désignent-ils ? (2 points)

8- Dans tout le poème, quel est le temps dominant ? Justifiez cet emploi. (2 points)

9- Grâce au texte du poème, expliquez son titre et essayez d'expliquer pourquoi cet événement a autant touché Voltaire. (5 points)

10- Quels liens apparaissent entre l'homme et la nature ? (6 points)

II – RÉÉCRITURE (8 points)

Réécrivez les vers suivants en remplaçant « Philosophes trompés » par «   Toi » et en procédant à tous les changements nécessaires.

> Philosophes trompés qui criez : « Tout est bien » ;
> Accourez, contemplez ces ruines affreuses,
> Direz-vous : « C'est l'effet des éternelles lois
> Qui d'un Dieu libre et bon nécessitent le choix ? »
> Direz-vous, en voyant cet amas de victimes :
> Tranquilles spectateurs, intrépides esprits,
> De vos frères mourants contemplant les naufrages,
> Vous recherchez en paix les causes des orages :
> Mais du sort ennemi quand vous sentez les coups,
> Devenus plus humains, vous pleurez comme nous.

III – DICTÉE (10 points)

Veuillez demander à quelqu'un de votre entourage de vous lire le texte présent dans le corrigé.

DEUXIÈME PARTIE : RÉDACTION (40 POINTS) – 1H30

Vous traiterez le sujet de rédaction suivant.

L'utilisation d'un dictionnaire de langue française est autorisée.

SUJET

Une catastrophe naturelle (séisme, inondation, éruption volcanique, ...) vient de se produire.
Écrivez un poème qui dévoile vos propres émotions.

CONSIGNES

Le poème devra faire seize lignes minimum.
Il devra être écrit en vers avec des rimes.
Vous devez utiliser au moins deux figures de style (que vous soulignerez).
N'oubliez pas de lui donner un titre poétique.

Sujet numéro 2 : Corrigé

PREMIÈRE PARTIE : QUESTIONS – RÉÉCRITURE - DICTÉE – 1H30

I – QUESTIONS

1- En quoi ce texte appartient-il au genre poétique ? Utilisez deux indices pour argumenter votre réponse.
Ce texte est un poème car il comporte des vers et des rimes suivies.

2- Identifiez et nommez deux sentiments éprouvés par Voltaire suite à ce tremblement de terre.
Suite au tremblement de terre de Lisbonne, Voltaire éprouve de la tristesse (« ô malheureux » v.1) et de la colère (il cherche des responsabilités).

3- Qui sont les victimes en réalité ? Et d'après l'auteur ? Expliquez.
Dans la réalité, ce tremblement de terre a tué trente mille personnes. Les victimes sont donc la population portugaise.
Dans le poème, l'auteur parle des femmes et des enfants (v.7), qui sont les catégories les plus fragiles. Il veut ainsi accentuer l'horreur de la catastrophe.

4- Dans les vers 5 à 12 :
a) Relevez les deux principaux champs lexicaux. Pourquoi sont-ils associés ?
Les deux principaux champs lexicaux sont la destruction (ruines, débris, lambeaux, cendres, rompus) et la mort (enterrés, terminent leurs jours, …). Ils dévoilent les conséquences tant matérielles qu'humaines de cette catastrophe.

b) Quel terme est répété plusieurs fois ? Quelle est sa nature ?
Le terme « ces » est répété à plusieurs reprises. Il s'agit d'un adjectif démonstratif.

c) Comment l'horreur est amplifiée ?

L'horreur est amplifiée par l'utilisation d'adjectifs qualificatifs à connotation très négative, comme « affreuses », « malheureuse », « rompus », « dispersés », « sanglants », « déchirés », « palpitants », « enterrés », « lamentables ».

5- Vers 8 :
a) Quelle figure de style est employée ? Que signifie-t-elle ?

Au vers 8, la figure de style employée est un parallélisme de construction. Elle est utilisée pour montrer que tout est détruit : le marbre (pourtant très solide) est rompu, les hommes ont leurs membres dispersés. Rien n'a résisté face à la force de la nature.

b) Relevez un autre vers reprenant la même figure de style.

Le vers 1 utilise la même figure de style.

6- Décomposez le terme « infortunés » (vers 9) ? Quelle est sa nature ? Quelle est sa fonction ?

Le nom commun « infortunés » se compose d'un préfixe « in », d'un radical « fortune » et d'un suffixe « és ». Ce nom est COD du verbe dévorer.

7- Vers 21 à 26 :
a) Quels sont les lieux qui s'opposent ? Qu'est ce qui les oppose ?

Les lieux qui s'opposent sont Lisbonne et Londres et Paris.
À Lisbonne, tout est détruit, les gens tentent de survivre, alors qu'à Londres ou à Paris la population s'amuse, danse et mange.

b) Quels sont les pronoms personnels employés ? Qui désignent-ils ?

Les pronoms personnels employés sont « on » (désigne les parisiens), « vous » (désigne les philosophes) et « nous » (désigne l'ensemble des gens choqués par la catastrophe).

8- Dans tout le poème, quel est le temps dominant ? Justifiez cet emploi.

Le temps dominant est le présent de l'indicatif.
Voltaire utilise ce temps car il écrit juste après la tragédie et vit la situation. Il s'agit du présent d'énonciation.

9- Grâce au texte du poème, expliquez son titre et essayez d'expliquer pourquoi cet événement a autant touché Voltaire.

Ce poème s'intitule « Poème sur le désastre de Lisbonne » car la ville a été saccagée. Dans son poème Voltaire insiste sur l'horreur grâce à des adjectifs pathétiques et à des hyperboles. C'est pour lui une véritable tragédie. C'est une réaction émotionnelle qui est à l'origine de ce poème. Voltaire a vécu le récit de cette catastrophe et partage la compassion de l'Europe entière. C'est certainement aussi un être d'une grande sensibilité qui s'associe aux habitants de la ville détruite en vivant les épreuves qu'ils endurent.

10- Quels liens apparaissent entre l'homme et la nature ?

L'homme est une créature naturelle qui, comme tout être vivant, est mortelle (v.1). Cependant, à la différence des animaux, l'homme a transformé la nature dans laquelle il vit par des constructions (« marbre », « toit », …). Mais son emprise sur celle-ci n'est pas totale. La nature se révèle être plus forte que l'homme qui essaie en vain de comprendre « les causes des orages » et doit subir les forces naturelles puissantes.

II – RÉÉCRITURE (4 points)

Réécrivez les vers suivants en remplaçant «Philosophes trompés» par «Toi» et en procédant à tous les changements nécessaires.

Toi qui **crie** : « Tout est bien » ;
Accours, contemple ces ruines affreuses,
Diras-tu : « C'est l'effet des éternelles lois
Qui d'un Dieu libre et bon nécessitent le choix ? »
Diras-tu, en voyant cet amas de victimes :
Tranquille spectateur, intrépide esprit,
De **tes** frères mourants contemplant les naufrages,
Tu recherches en paix les causes des orages :
Mais du sort ennemi quand **tu sens** les coups,
Devenu plus **humain**, **tu pleures** comme nous.

III – DICTÉE (6 points)

Veuillez demander à quelqu'un de votre entourage de vous lire le texte suivant :

À peine ont-ils mis le pied dans la ville en pleurant la mort de leur bienfaiteur, qu'ils sentent la terre trembler sous leurs pas ; la mer s'élève en bouillonnant dans le port, et brise les vaisseaux qui sont à l'ancre. Des tourbillons de flammes et de cendres couvrent les rues et les places publiques; les maisons s'écroulent, les toits sont renversés sur les fondements, et les fondements se dispersent; trente mille habitants de tout âge et de tout sexe sont écrasés sous des ruines. (...)

Le matelot court incontinent au milieu des débris, affronte la mort pour trouver de l'argent, en trouve, s'en empare, s'enivre (...).»

Voltaire, *Candide ou l'Optimisme*, Chapitre V, 1759

DEUXIÈME PARTIE : RÉDACTION (15 POINTS) – 1H30

SUJET

Une catastrophe naturelle (séisme, inondation, éruption volcanique, ...) vient de se produire.
Écrivez un poème qui dévoile vos propres émotions.

CONSIGNES

Le poème devra faire seize lignes minimum.
Il devra être écrit en vers avec des rimes.
Vous devez utiliser au moins deux figures de style (que vous soulignerez).
N'oubliez pas de lui donner un titre poétique.

Exemple d'un poème sur une inondation :

Submergés par les flots

La grande bleue s'est réveillée
(personnification)
Ce matin tout est dévoré.
Aucune construction même solide
N'a résisté aux vagues perfides.

Dans les eaux, les poissons et les sirènes
Font des ronds, passent une vie sereine.
Mais, les hommes, les femmes et les enfants,
N'ont fait que subir les assauts violents.

Face à la force de la nature,
(parallélisme)
Si faibles sont nos statures.
Face à la puissance de la mer violente
Si fragiles sont nos vies pétillantes.

La marée a tout submergé,
Ce matin tout est ravagé.
Les noyés ont suivi les Néréide.
Les survivants ne seront plus candides.

Sujet numéro 3 : Conte, Écrire la suite d'un texte
Durée : 3H

Conte arabe

— Raconte-nous l'histoire de l'éléphant du roi, mère !

— Mais vous la connaissez déjà.

— Ça ne fait rien. Raconte encore.

Et nous ne la laissions en paix que lorsqu'elle commençait à nous raconter l'histoire de l'éléphant du roi.

Il y avait un roi qui possédait un gros éléphant. Il l'aimait beaucoup et le laissait libre de ses mouvements. L'éléphant allait partout : traversant les champs et les jardins, causant sur son passage des dégâts considérables. La population se taisait, n'osant protester auprès du souverain par peur de le contrarier. Or, un jour, Jeha, qui venait d'assister au saccage de son champ de blé, son bien unique, dit à ses compatriotes :

— Mes frères, soyons courageux et allons voir le roi tous ensemble pour lui dire que son éléphant nous fait du mal. Il nous ruinera. Nous finirons par mourir de faim.

— Mais lequel d'entre nous sera assez fou pour s'adresser au roi ? dirent les gens, craintifs.

Jeha réfléchit un instant et déclara :

— Puisque vous avez peur, je parlerai le premier. Je dirai : Sire, sauf ton(1) respect, ton éléphant... et vous à l'unisson, vous poursuivrez : nous fait du mal. Ainsi personne ne sera mis à l'avant. Et si nous devions encourir la colère du roi, nous la subirions tous.

Quand le roi apparut sur son balcon et fit signe au peuple rassemblé à ses pieds de présenter ses doléances, Jeha prit la parole :

— Sire, sauf ton respect, ton éléphant...

Le peuple demeura muet, et la suite de la phrase ne vint pas.

— Qu'a-t-il donc, mon éléphant ? s'enquit le roi, les yeux posés sur Jeha.

Jeha ne perdit pas contenance.

— Sire, sauf ton respect, ton éléphant... reprit-il en se retournant vers ses compagnons qui, tête basse, semblaient avoir perdu l'usage de la parole.

— Parle donc Jeha ! Qu'as-tu à reprocher à mon éléphant ?

Jeha se gratta la tête, embarrassé, soupira avec découragement.

— Sire, sauf ton respect, ton éléphant...

Il attendit un moment. Le peuple refusait de parler. Le peuple avait peur de son roi.

— Alors Jeha veux-tu bien parler ! lança le roi avec impatience.

— Oui, Sire ! dit Jeha d'une voix raffermie. Nous sommes venus te dire que ton éléphant nous fait le plus grand bien. Nous l'aimons et nous souhaitons avoir d'autres éléphants pour lui tenir compagnie, une dizaine, Sire. Ça égayera notre pays et nos existences. Et tes sujets, Sire, sont disposés à participer à leur achat.

Rabah Belamri, *Mémoire en archipel*, 1990.

(1) Le tutoiement n'est pas impoli

PREMIÈRE PARTIE : QUESTIONS – RÉÉCRITURE - DICTÉE (60 points) – 1H30

I – QUESTIONS (42 points)

1- À quel genre appartient ce récit ? Justifiez votre réponse en donnant au moins trois indices. (3 points)

2- Pourquoi Jeha veut aller voir le roi ? (3 points)

3- « Il l'aimait beaucoup et le laissait libre de ses mouvements. »
  a) Identifiez les propositions de cette phrase. (1 point)
  b) Comment ces propositions sont-elles reliées ? (1 point)
  c) Qu'exprime ce mot de liaison ? (1 point)
  d) Remplacez-le par un mot de nature différente (vous préciserez la nature) exprimant la même notion. (1 point)

4- a) Quelle est la stratégie prévue pour s'adresser au roi ? (3 points)
    b) Pourquoi une stratégie est-elle mise en place ? (3 points)

5- a) Où se situe le roi par rapport au peuple ? Justifiez. (3 points)
    b) Que révèlent ces positions respectives ? (4 points)

6- « Doléances » :
   a) Expliquez le sens de ce mot. (2 points)
   b) Trouvez un mot de la même famille. (2 points)

7- Comment les paroles sont-elles rapportées ? Qui parle ? (3 points)

8- La stratégie de Jeha fonctionne-t-elle ? Expliquez pourquoi. (4 points)

9- Comment se termine l'histoire ? Quelle est la morale ? (4 points)

10- Retrouvez le schéma narratif, en découpant le texte. (4 points)

II – RÉÉCRITURE (8 points)

Réécrivez le passage suivant en utilisant le vouvoiement, en mettant « éléphant » au pluriel et en procédant à tous les changements nécessaires.

«Jeha prit la parole :
- Sire, sauf ton respect, ton éléphant...
- Alors Jeha veux-tu bien parler ! lança le roi avec impatience.
- Oui, Sire ! dit Jeha d'une voix raffermie. Nous sommes venus te dire que ton éléphant nous fait le plus grand bien. Nous l'aimons et nous souhaitons avoir d'autres éléphants pour lui tenir compagnie, une dizaine, Sire. Ça égayera notre pays et nos existences. Et tes sujets, Sire, sont disposés à participer à leur achat.»

III – DICTÉE (10 points)

Veuillez demander à quelqu'un de votre entourage de vous lire le texte présent dans le corrigé.

45

DEUXIÈME PARTIE : RÉDACTION (15 POINTS) – 1H30

Vous traiterez le sujet de rédaction suivant.
L'utilisation d'un dictionnaire de langue française est autorisée.

SUJET

Imaginez la suite du texte, en décrivant les réactions et les émotions des différents personnages.

CONSIGNES

Rédigez ce texte narratif en alternant les récits et les discours.
Vous devez respecter la situation d'énonciation.
Votre rédaction devra faire au moins 30 lignes.

Sujet numéro 3 : Corrigé

PREMIÈRE PARTIE : QUESTIONS – RÉÉCRITURE - DICTÉE (25 points) – 1H30

I – QUESTIONS

1- À quel genre appartient ce récit ? Justifiez votre réponse en donnant au moins trois indices.
Ce récit est un conte. Il débute par la formule « il y avait » qui s'apparente à « Il était une fois ». De plus, il n'y a pas de situation précise dans le temps et dans l'espace. Enfin, les personnages sont dénommés d'après leur fonction « le roi », « le peuple ».

2- Pourquoi Jeha veut aller voir le roi ?
Jeha a eu son champ de blé saccagé par l'éléphant du Roi, tout comme les autres cultivateurs. Il veut donc aller voir le Roi pour lui demander d'interdire l'accès aux champs et aux jardins à l'animal.

3- « Il l'aimait beaucoup et le laissait libre de ses mouvements. »
   a) Identifiez les propositions de cette phrase.
Cette phrase contient deux propositions puisqu'il y a deux verbes conjugués.
La première est : « Il l'aimait beaucoup »
et la deuxième : « Il le laissait libre de ses mouvements. »

   b) Comment ces propositions sont-elles reliées ?
Ces propositions sont reliées par la conjonction de coordination « et ». Ce sont donc des propositions coordonnées.

   c) Qu'exprime ce mot de liaison ?
Habituellement, le mot de liaison « et » exprime l'addition, mais ici il s'agit de la conséquence.

   d) Remplacez-le par un mot de nature différente (vous préciserez la nature) exprimant la même notion.
Ce mot peut être remplacé par une conjonction de subordination : « Il l'aimait beaucoup si bien qu'il le laissait libre de ses mouvements. »

4- a) Quelle est la stratégie prévue pour s'adresser au roi ?
Tout le peuple doit aller voir le Roi, Jeha doit commencer la phrase et tout le monde doit la poursuivre.

b) Pourquoi une stratégie est-elle mise en place ?
Une stratégie est mise en place car ils ont peur du Roi. S'ils parlent tous, ils pensent que la colère du Roi ne portera pas sur une seule personne et sera donc moins forte.

5- a) Où se situe le roi par rapport au peuple ? Justifiez.
Le Roi est en hauteur, sur le balcon. Le peuple est « à ses pieds ».

b) Que révèlent ces positions respectives ?
Le peuple est physiquement et hiérarchiquement en-dessous du Roi, qui est le plus fort.

6- « Doléances » :
a) Expliquez le sens de ce mot.
Une doléance est une plainte formulée à l'écrit ou à l'oral dans le but de faire des remarques ou d'exprimer un souhait.

b) Trouvez un mot de la même famille.
« Douleur » est un mot de la même famille.

7- Comment les paroles sont-elles rapportées ? Qui parle ?
Les paroles sont rapportées au discours direct. Les paroles exactes prononcées par les personnages sont retranscrites. Les tirets indiquent clairement qu'il s'agit d'un dialogue, tout comme les verbes de parole, par exemple « déclara ».

8- La stratégie de Jeha fonctionne-t-elle ? Expliquez pourquoi.
Jeha commence à parler. Mais les autres restent muets. Jeha qui a peur du Roi finit par dire l'inverse de ce qui était prévu : il demande au Roi d'avoir d'autres éléphants supplémentaires.
Sa stratégie n'a donc pas fonctionné par lâcheté des autres habitants.

9- Comment se termine l'histoire ? Quelle est la morale ?
En plus d'avoir « une dizaine » d'éléphants, ce sont les sujets qui vont financer leur achat.
La morale de l'histoire est que l'union fait la force, car tous ensemble auraient pu obtenir ce qu'ils souhaitaient. Comme ils

n'ont pas eu le courage de s'exprimer tous à l'unisson, ils sont punis.

10- Retrouvez le schéma narratif, en découpant le texte.
Il y a tout d'abord un préambule avec des enfants qui souhaitent à nouveau entendre une histoire qu'ils adorent.
La situation initiale est présentée de « Il y avait un roi » à « par peur de le contrarier ». Le Roi a un éléphant qui saccage tout.
L'élément perturbateur intervient avec « Or, un jour, » jusqu'à « nous la subirions tous ». Jeha veut que les choses changent. Tous les habitants sont d'accord.
Les péripéties interviennent lorsqu'ils veulent s'adresser au Roi à partir de « Quand le roi apparut ».
Et enfin l'élément de résolution à partir de la dernière réplique de Jeha.

II – RÉÉCRITURE (4 points)

«Jeha prit la parole :
- Sire, sauf ton respect, ton éléphant…
- Alors Jeha veux-tu bien parler ! lança le roi avec impatience.
- Oui, Sire ! dit Jeha d'une voix raffermie. Nous sommes venus te dire que ton éléphant nous fait le plus grand bien. Nous l'aimons et nous souhaitons avoir d'autres éléphants pour lui tenir compagnie, une dizaine, Sire. Ça égayera notre pays et nos existences. Et tes sujets, Sire, sont disposés à participer à leur achat.»

«Jeha prit la parole :
- Sire, sauf votre respect, vos éléphants…
- Alors Jeha voulez-vous bien parler ! lança le roi avec impatience.
- Oui, Sire ! dit Jeha d'une voix raffermie. Nous sommes venus vous dire que vos éléphants nous font le plus grand bien. Nous les aimons et nous souhaitons avoir d'autres éléphants pour leur tenir compagnie, une dizaine, Sire. Ça égayera notre pays et nos existences. Et vos sujets, Sire, sont disposés à participer à leur achat.»

Veuillez demander à quelqu'un de votre entourage de vous lire le texte suivant :

La dame alors leva la vue par hasard, et apercevant les princes au haut de l'arbre, elle leur fit signe de la main de descendre sans faire de bruit. Leur frayeur fut extrême quand ils se virent découverts. Ils supplièrent la dame, par d'autres signes, de les dispenser de lui obéir ; mais elle, après avoir ôté doucement de dessus ses genoux la tête du génie, et l'avoir posée légèrement à terre, se leva et leur dit d'un ton de voix bas, mais animé : « Descendez, il faut absolument que vous veniez à moi. » Ils voulurent vainement lui faire comprendre encore par leurs gestes qu'ils craignaient le génie. » Descendez donc, leur répliqua-t-elle sur le même ton ; si vous ne vous hâtez de m'obéir, je vais l'éveiller, et je lui demanderai moi-même votre mort. »

LES MILLE ET UNE NUITS - Tome premier (1704)

DEUXIÈME PARTIE : RÉDACTION (15 POINTS) – 1H30

SUJET

Imaginez la suite du texte, en décrivant les réactions et les émotions des différents personnages.

CONSIGNES

Rédigez ce texte narratif en alternant les récits et les discours.
Vous devez respecter la situation d'énonciation.
Votre rédaction devra faire au moins 30 lignes.

À vous de choisir si vous souhaitez rédiger une fin triste ou heureuse, mais quoi qu'il en soit l'histoire doit reprendre après la proposition que Jeha a faite au roi.
Vous devez respecter le nom des personnages, le lieu et la structuration du texte initial (alternance de passé simple et d'imparfait, dialogues, tutoiement du roi, ...)

Exemple de suite de texte possible :

Le roi acquiesça d'un signe de la tête et se retira dans son palais.

Jeha se retrouva alors accusé par ses compatriotes.

- Comment as-tu pu faire une telle proposition ? Nous ne pouvons pas payer, nous sommes de simples paysans. Un seul éléphant a déjà fait de nombreux dégâts et à cause de toi, bientôt une dizaine saccagera nos champs !!!

- Je ne suis pas le seul responsable. Nous avions clairement établi un scénario mais vous ne l'avez pas respecté ! déclara Jeha d'un ton agacé.

- Nous avons eu peur de notre souverain !, répondirent en cœur tous les habitants.

- Il fallait parler à l'unisson tout à l'heure. Maintenant c'est trop tard. J'ai également eu peur, j'ai paniqué ! Je ne pensais pas devoir m'opposer seul au roi et j'ai perdu pied. Je voyais bien que les reproches que je formulerais seul entraîneraient une colère royale dirigée contre moi.

- Mais alors, pourquoi n'as-tu pas gardé le silence au lieu de faire une telle promesse qui nous engage tous ?

- En restant muets, vous vouliez que je parle en votre nom et c'est bien ce que j'ai fait. Si vous devez trouver un coupable, accusez-vous vous-même et si vous voulez changer les choses, retournez parler au roi demain et présentez-lui vos doléances. Mais cette fois, je ne prendrai pas la parole.

La population décida alors de se rassembler le lendemain aux pieds du palais.

Quand le roi apparut sur son balcon, Jeha était à l'écart du groupe. Le roi fit signe au peuple rassemblé à ses pieds de présenter ses doléances.

Un homme s'avança, essaya de prononcer quelques paroles, mais aucun son ne sortit de sa bouche. Il s'effondra alors en pleurs.

Comme tous les habitants se tournaient vers Jeha, le roi lui ordonna d'avancer et de parler.

Jeha s'avança timidement. Tout au long de la nuit, il avait repensé à la proposition qu'il avait faite la veille et savait qu'il devait se racheter auprès des autres habitants.

Décidé à exprimer ses plaintes, il commença d'un ton décidé :

- Sire, sauf ton respect, ton éléphant ….

Il fut alors coupé par l'ensemble de ses compatriotes :

- Nous fait du mal !

- Comment, que dites-vous sur mon éléphant ? Demanda le roi très surpris.

Jeha reprit alors d'un ton plus fort :

- Sire, sauf ton respect, ton éléphant nous fait du mal, il saccage nos terres.

Le peuple en cœur répéta alors la même phrase.

Le roi choqué demanda plus d'explications et décida d'envoyer un observateur pour constater les dégâts causés par l'animal.

Le lendemain, sous le balcon du roi, tout le monde était venu entendre la conclusion de l'expert et les mesures prises par le souverain. Quelle joie ils eurent d'apprendre que désormais l'éléphant serait surveillé et que si des dégâts étaient causés ils seraient intégralement remboursés. Plus question alors d'acquérir de nouveaux animaux.

Sujet numéro 4 : Roman, Sujet de réflexion

Durée : 3H

La narratrice, fille d'une famille de colons français, revient sur ses souvenirs de jeunesse en Indochine.

Je suis dans une pension d'État à Saigon. Je dors et je mange là, dans cette pension, mais je vais en classe au-dehors, au lycée français. Ma mère, institutrice, veut le secondaire pour sa petite fille. Pour toi c'est le secondaire qu'il faudra. Ce qui était suffisant pour elle ne l'est plus pour la petite. Le secondaire et puis une bonne agrégation de mathématiques. J'ai toujours entendu cette rengaine depuis mes premières années d'école. Je n'ai jamais imaginé que je pourrais échapper à l'agrégation de mathématiques, j'étais heureuse de la faire espérer. J'ai toujours vu ma mère faire chaque jour l'avenir de ses enfants et le sien. Un jour, elle n'a plus été à même d'en faire de grandioses pour ses fils, alors elle en a fait d'autres, des avenirs de bouts de ficelle, mais de la sorte, eux aussi, ils remplissaient leur fonction, ils bouchaient le temps devant soi. Je me souviens des cours de comptabilité pour mon petit frère. De l'école Universelle [1], tous les ans, à tous les niveaux. Il faut rattraper, disait ma mère. Ça durait trois jours, jamais quatre. Jamais. On jetait l'école Universelle quand on changeait de poste. On recommençait dans le nouveau. Ma mère a tenu dix ans. Rien n'y a fait. Le petit frère est devenu un petit comptable à Saigon. L'école Violet [2] n'existant pas à la colonie, nous lui devons le départ de mon frère aîné pour la France. Pendant quelques années il est resté en France pour faire l'école Violet. Il ne l'a pas faite. Ma mère ne devait pas être dupe. Mais elle n'avait pas le choix, il fallait séparer ce fils des deux autres enfants. Pendant quelques années il n'a plus fait partie de la famille...

Marguerite Duras, L'Amant, 1984.

1. École Universelle: école privée française par correspondance qui préparait aux préparait concours du supérieur.
2. École Violet : école d'ingénieurs à Paris.

PREMIÈRE PARTIE : QUESTIONS – RÉÉCRITURE - DICTÉE (60 points) – 1H30

I – QUESTIONS (42 points)

1- À quel genre appartient ce texte ? Justifiez votre réponse en donnant au moins deux indices. (4 points)

2- Quels sont les projets de sa mère pour sa vie future ? (3 points)

3- Dans les deux premières phrases :
    a) Quel est le temps employé ? (1 point)
    b) Quelle est sa valeur ? (1 point)
    c) Quel est l'effet produit ? (2 points)

4- « Ma mère, institutrice, veut le secondaire pour sa petite fille. »
    a) À qui l'auteure fait-elle allusion ? (3 points)
    b) Pourquoi avoir choisi ce terme ? (3 points)

5- «J'ai toujours entendu cette rengaine depuis mes premières années d'école. »
    a) Que signifie le mot rengaine ? (2 points)
    b) De quelle rengaine est-il question ? (2 points)

6- « Je n'ai jamais imaginé que je pourrais échapper... »
    a) Quels sont les temps employés ? (1 point)
    b) Quelles sont leurs valeurs ? (1 point)
    c) Quelle est la nature du terme souligné ? (1 point)

7- « On jetait l'école Universelle quand on changeait de poste. »
    a) Quel est le temps employé ? Justifiez. (1 point)
    b) Quelle est sa valeur ? (1 point)
    c) Qui est désigné par le pronom « on »? (2 points)

8- Comment les paroles sont-elles rapportées ? Qui parle ? (3 points)

9- Combien la mère a-t-elle d'enfants ? Est-elle satisfaite par leur réussite ? (5 points)

10- Comment jugez-vous le comportement et les réactions de la mère ? (6 points)

II – RÉÉCRITURE (8 points)

Réécrivez les quatre premières phrases, en utilisant le système de temps du passé, en remplaçant la première personne du singulier (« je ») par la troisième personne du singulier (« elle ») et en procédant à tous les changements nécessaires.

« Je suis dans une pension d'État à Saigon. Je dors et je mange là, dans cette pension, mais je vais en classe au-dehors, au lycée français. Ma mère, institutrice, veut le secondaire pour sa petite fille. Pour toi c'est le secondaire qu'il faudra.»

III – DICTÉE (10 points)

Veuillez demander à quelqu'un de votre entourage de vous lire le texte   présent dans le corrigé, en indiquant l'orthographe du mot suivant : agrégation.

DEUXIÈME PARTIE : RÉDACTION (40 POINTS) – 1H30

Vous traiterez le sujet de rédaction suivant.
L'utilisation d'un dictionnaire de langue française est autorisée.

SUJET

Les parents ont-ils raison de choisir les études et l'avenir de leurs enfants ?

CONSIGNES

Vous donnerez votre point de vue en utilisant plusieurs arguments et exemples.
Votre rédaction devra faire au moins 40 lignes.

Sujet numéro 4 : Corrigé

PREMIÈRE PARTIE : QUESTIONS – RÉÉCRITURE - DICTÉE – 1H30

I – QUESTIONS

1- À quel genre appartient ce texte ? Justifiez votre réponse en donnant au moins deux indices.
Ce texte est une autobiographie, car la narratrice évoque ses souvenirs de jeunesse.

2- Quels sont les projets de sa mère pour sa vie future ?
La mère souhaite que sa fille fasse des études : tout d'abord le secondaire, puis l'agrégation de maths.

3- Dans les deux premières phrases :
  a) Quel est le temps employé ?
Le temps employé au début du texte est le présent de l'indicatif. Par exemple : « je suis », « je dors ».

  b) Quelle est sa valeur ?
Il s'agit du présent de narration. La narratrice raconte son enfance passée.

  c) Quel est l'effet produit ?
L'utilisation du présent, et non du passé, rend le texte plus vivant. En tant que lecteur, nous avons l'impression d'assister à la scène.

4- « Ma mère, institutrice, veut le secondaire pour <u>sa petite fille</u>. »
  a) À qui l'auteure fait-elle allusion ?
Elle fait référence à elle-même.

  b) Pourquoi avoir choisi ce terme ?
Elle utilise l'expression que sa mère utilise pour parler d'elle. De plus, elle fait référence à sa faiblesse : la mère choisit tandis que la petite n'a pas la parole. Elle est en position d'infériorité.

5- «J'ai toujours entendu cette rengaine depuis mes

premières années d'école. »
a) Que signifie le mot rengaine ?
Le mot « rengaine » désigne des propos répétés fréquemment.

b) De quelle rengaine est-il question ?
Sa mère souhaite qu'elle fasse des études et insiste en lui répétant quel parcours elle doit suivre.

6- « Je n'ai jamais imaginé que je pourrais échapper... »
a) Quels sont les temps employés ?
Les temps employés sont le passé composé de l'indicatif : « j'ai imaginé » ; et le conditionnel présent : « je pourrais ».

b) Quelles sont leurs valeurs ?
Le passé composé est utilisé pour évoquer un fait antérieur au présent et le conditionnel pour des faits hypothétiques.

c) Quelle est la nature du terme souligné ?
Le terme « jamais » est un adverbe de temps.

7- « On jetait l'école Universelle quand on changeait de poste. »
a) Quel est le temps employé ? Justifiez.
Le temps employé est l'imparfait « jetait », « changeait ».

b) Quelle est sa valeur ?
Il s'agit de l'imparfait d'habitude.

c) Qui est désigné par le pronom « on »?
Le premier pronom « on » désigne les enfants, alors que le deuxième désigne les parents qui sont affectés ailleurs.

8- Comment les paroles sont-elles rapportées ? Qui parle ?
Les paroles sont rapportées dans la phase "Il faut rattraper".
Ces paroles sont au discours direct, même s'il n'y a pas de guillemets. Le verbe de parole « disait » le prouve. La narratrice reprend les paroles que sa mère prononçait.

9- Combien la mère a-t-elle d'enfants ? Est-elle satisfaite par leur réussite ?
La mère a trois enfants : la narratrice, et deux fils : le petit frère de la narratrice et son frère aîné.
La mère a eu beaucoup de déceptions de la part de ses fils. Le plus

jeune est un « petit comptable à Saigon » avec l'adjectif « petit » qui rabaisse sa profession. Le fils aîné a été envoyé en France et n'ayant pas suivi d'études est rejeté par sa mère.

10- Comment jugez-vous le comportement et les réactions de la mère ?
Tout d'abord, la mère est autoritaire envers ses enfants puisqu'elle choisit leurs études, contre leur volonté, ce qui fait que les enfants ne les réussissent pas. Ensuite, elle leur met la pression pour réussir. Enfin, elle a une réaction excessive lorsqu'elle exclut de la famille le fils qui lui a apporté des déceptions. Elle le sépare des autres pour ne pas qu'il entraîne ou contamine son frère et sa sœur.
Cette mère trop autoritaire ne fait donc pas preuve d'affection et de tendresse pour ses enfants.

II – RÉÉCRITURE

Réécrivez les quatre premières phrases, en utilisant le système de temps du passé, en remplaçant la première personne du singulier (« je ») par la troisième personne du singulier (« elle »)et en procédant à tous les changements nécessaires.

« Je suis dans une pension d'État à Saigon. Je dors et je mange là, dans cette pension, mais je vais en classe au-dehors, au lycée français. Ma mère, institutrice, veut le secondaire pour sa petite fille. Pour toi c'est le secondaire qu'il faudra.»

« Elle était dans une pension d'État à Saigon. Elle dormait et elle mangeait là, dans cette pension, mais elle allait en classe au-dehors, au lycée français. Sa mère, institutrice, voulait le secondaire pour sa petite fille. Pour elle c'était le secondaire qu'il faudrait.»

III – DICTÉE

Veuillez demander à quelqu'un de votre entourage de vous lire le texte suivant en indiquant l'orthographe du mot suivant : agrégation.

Quinze ans et demi. Le corps mince, presque chétif, des seins d'enfant encore, fardée en rose pâle et en rouge. Et puis cette tenue qui pourrait faire qu'on en rie et dont personne ne rit. Je vois bien que tout est là. Tout est là et rien n'est encore joué, je le vois dans les yeux, tout est déjà dans les yeux. Je veux écrire. Déjà je l'ai dit à ma mère : ce que je veux c'est ça, écrire. Pas de réponse la première fois. Et puis elle demande : écrire quoi ? Je dis des livres, des romans. Elle dit durement : après l'agrégation de mathématiques tu écriras si tu veux, ça ne me regardera plus. Elle est contre, ce n'est pas méritant, ce n'est pas du travail, c'est une blague - elle me dira plus tard : une idée d'enfant.

Marguerite Duras, L'Amant, 1984.

DEUXIÈME PARTIE : RÉDACTION (15 POINTS) – 1H30

SUJET

Les parents ont-ils raison de choisir les études et l'avenir de leurs enfants ?

CONSIGNES

Vous donnerez votre point de vue en utilisant plusieurs arguments et exemples.
Votre rédaction devra faire au moins 40 lignes.

Avant de rédiger, organisez vos idées grâce à un plan en deux parties avec deux ou trois sous-parties.
Ensuite, travaillez votre introduction avec :
- une amorce (généralité sur ce sujet),
- recentrage progressif vers le sujet exact,
- problématique,
- annonce du plan.

Prêtez également une attention particulière à la conclusion avec :
- réponse à la problématique,
- ouverture.

Exemple de rédaction :

Les comportements des parents sont différents vis-à-vis de l'école : certains s'impliquent fortement, d'autres modérément. Mais globalement, tous poussent leurs enfants et la phrase « passe ton bac d'abord » est connue de tous. Certains vont même jusqu'à s'immiscer trop profondément dans les choix d'études, à l'image de la mère de Marguerite Duras qui imposait des orientations à ses enfants. Est-il souhaitable que les parents choisissent à la fois les études et l'avenir de leur fils ou de leur fille ? Nous expliquerons dans un premier temps que les adultes peuvent le faire mais nous montrerons ensuite que ce n'est pas bénéfique à l'enfant.

Certains parents estiment qu'il est de leur devoir de décider de l'orientation de leur descendance soit par expérience, soit par compétences ou soit pour des raisons matérielles.

Tout d'abord, les parents sont des adultes qui sont expérimentés. Contrairement à leurs jeunes enfants, ils connaissent les réalités du monde professionnel et de la vie. Ils peuvent donc être de bons conseillers pour décider d'une orientation qui aura des débouchés certains en terme d'emplois proposés et qui leur permettra de vivre correctement. Ils auront au préalable étudié la rémunération moyenne proposée dans cette profession ou encore les conditions de travail.

Ensuite, étant aux côtés de leurs enfants depuis le premier jour, les ayant vu grandir et connaissant leurs goûts, les parents sont les personnes les plus qualifiées pour choisir l'orientation de leurs enfants. Contrairement à un conseiller pédagogique qui ne rencontre un collégien ou un lycéen qu'une seule fois avant de lui proposer une voie professionnelle, les parents ont pu cerner la personnalité de leur proche dans sa globalité.

Enfin, les études ont un coût qui est supporté par les parents. En fonction de leurs moyens, ils imposent donc une durée d'études ou une orientation dans le public gratuit ou le privé payant. Ayant à les financer, ils doivent donc les choisir.

Cependant, même si les parents ont des raisons de choisir les études de leurs enfants, ils ne doivent pas le faire et ce pour leur bien-être à venir.

Petit enfant, adolescent, jeune adulte, ou personne plus âgée, chacun doit avoir son libre-arbitre qui consiste à pouvoir faire des choix pour sa propre vie. Les enfants sont certes sous la responsabilité juridique de leurs parents, mais ce sont des êtres à part entière qui ont le droit de s'exprimer et de décider.

D'autant plus que la décision d'orientation a des conséquences lourdes. Les études choisies peuvent être longues et difficiles, si quelqu'un est poussé dans une voie qui ne lui correspond pas. Ensuite, la carrière professionnelle est encore plus longue car elle ne s'arrête qu'à l'âge de la retraite. Subir au quotidien un travail détesté, pendant une quarantaine d'années, n'est souhaitable à personne.

Enfin, même si les décisions des parents seraient les meilleures, il faut que l'enfant apprenne en faisant ses propres erreurs, sans rejeter la culpabilité sur quelqu'un. Il sera ensuite préparé à sa vie d'adulte et sortira grandi de cette expérience. Quoi qu'il en soit, il pourra toujours se réorienter par la suite.

Ainsi, certes les conseils des parents sont à écouter mais ils doivent se cantonner à être de simples avis et non des décisions formulées à la place des enfants. Cette règle peut même s'étendre à tous les domaines de la vie : choix d'amis ou de compagnons, obligation de pratiquer un sport, ...

Partie 4 : Les sujets d'examen

Sujet d'examen 1

En 1939 il n'a pas été appelé, trop vieux déjà. Les raffineries ont été incendiées par les Allemands et il est parti à bicyclette sur les routes tandis qu'elle profitait d'une place dans une voiture, elle était enceinte de six mois. À Pont-Audemer il a reçu des éclats d'obus au visage et il s'est fait soigner dans la seule pharmacie ouverte. Les bombardements continuaient. Il a retrouvé sa belle-mère et ses belles-soeurs avec leurs enfants et des paquets sur les marches de la basilique de Lisieux, noire de réfugiés ainsi que l'esplanade par-devant. Ils croyaient être protégés. Quand les Allemands les ont rejoints, il est rentré à L... . L'épicerie avait été pillée de fond en comble par ceux qui n'avaient pu partir. À son tour ma mère est revenue et je suis née dans le mois qui a suivi. À l'école, quand on ne comprenait pas un problème, on nous appelait des enfants de guerre.

Jusqu'au milieu des années cinquante, dans les repas de communion, les réveillons de Noël, l'épopée de cette époque sera récitée à plusieurs voix, reprise indéfiniment avec toujours les thèmes de la peur, de la faim, du froid pendant l'hiver 1942. *Il fallait bien vivre malgré tout*. Chaque semaine, mon père rapportait d'un entrepôt, à trente kilomètre de L..., dans une carriole attachée derrière son vélo, les marchandises que les grossistes ne livraient plus. Sous les bombardements incessants de 1944, en cette partie de la Normandie, il a continué d'aller au ravitaillement, quémandant des suppléments pour les vieux, les familles nombreuses, tous ceux qui étaient au-dessous du marché noir. Il fut considéré dans la Vallée comme le héros du ravitaillement. Non pas choix, mais nécessité. Ultérieurement, certitude d'avoir joué un rôle, d'avoir vécu vraiment en ces années-là.

Le dimanche, ils fermaient le commerce, se promenaient dans les bois et piqueniquaient avec du flan sans œufs. Il me portait sur ses épaules en chantant et sifflant. Aux alertes, on se faufilait sous le billard du café avec la chienne. Sur tout cela ensuite, le sentiment que « c'était la destinée ». À la Libération, il m'a appris à chanter *La Marseillaise* en ajoutant à la fin « tas de cochons » pour rimer avec « sillon ». Comme les gens autour, il était très gai. Quand on entendait un avion, il m'emmenait par la main dans la rue et me disait de regarder le ciel, l'oiseau : la guerre était finie.

ANNIE ERNAUX : « LA PLACE » (Gallimard, 1983).

Les réponses aux questions doivent être entièrement rédigées.

QUESTIONS ET RÉÉCRITURE (1H10 - 50 points)

1- Qui est désigné dans cet extrait par les pronoms « il » et « ils » ? (4 points)

2- Quel est le rythme de ce texte ? Pourquoi selon vous ? (4 points)

3- Qui est le narrateur ? Comment raconte-t-il les événements qui ont eu lieu pendant la guerre ? Analysez notamment le vocabulaire et les classes grammaticales. (6 points)

4- Analysez les deux phrases suivantes : « Non pas choix, mais nécessité. Ultérieurement, certitude d'avoir joué un rôle, d'avoir vécu vraiment en ces années-là. » Que remarquez-vous ? Quelle impression se dégage ? (6 points)

5- Quels sont les temps majoritairement employés dans ce texte ? Expliquez leur emploi. (6 points)

6- Étudiez la chronologie de cet extrait et tentez de fournir une explication à ce choix de l'auteur. (6 points)

6 juin 1944, en France occupée. Des bâtiments de guerre apparaissent à l'aube au large des côtes normandes. Ce jour-là, 156.000 soldats américains, canadiens et britanniques, plus une poignée de Français, ont pour mission d'enfoncer le mur de l'Atlantique des nazis. Ce jour-là, c'est le Jour J : la première étape de la reconquête de l'Europe par les Alliés. L'infanterie est soutenue par des bombardiers, tel ce Martin B-26 Marauder de la 9th Airforce. Mais les frappes sur Omaha s'avèrent inefficaces, ce qui aura des conséquences dramatiques pour les militaires engagés au sol. (Mary Evans Picture Library/SIPA)

7- Quel est le point commun entre le texte et la photographie ? (4 points)

8- Les impressions produites par le texte et par la photographie sont-elles identiques ? Expliquez pourquoi. (6 points)

9- « En 1939 il n'a pas été appelé, trop vieux déjà. Les raffineries ont été incendiées par les Allemands et il est parti à bicyclette sur les routes [...]. Il a reçu des éclats d'obus au visage et il s'est fait soigner dans la seule

pharmacie ouverte. »

Réécrivez ces phrases en remplaçant le pronom « Il » par « Elle », en mettant les verbes au plus-que-parfait et en procédant à toutes les transformations nécessaires. **(8 points)**

DICTÉE (20 minutes – 10 points)

Veuillez demander à quelqu'un de votre entourage de vous lire le texte présent dans le corrigé en indiquant l'orthographe du mot suivant : deux-pièces **et en mentionnant que le terme** « Allemands » **prend une majuscule.**

RÉDACTION (1H30 – 40 points)

Vous traiterez au choix le sujet A ou B :

Sujet A : Imagination

Un français habitant en Normandie raconte comment il a vécu la journée du 6 Juin 1944 (le jour J du débarquement).

Vous ferez un récit d'une longueur minimale de 300 mots environ qui sera organisé et qui utilisera des connaissances issues des documents présentés, des leçons apprises cette année dans les différentes disciplines et de votre culture personnelle.

Vous insisterez sur ses sensations, ses réactions et ses pensées.

Sujet B : Réflexion

Selon vous, la guerre (ou toute autre situation difficile) change-t-elle la personnalité de ceux qui y prennent part ?

Vous répondrez à cette question dans un développement

argumenté en vous appuyant sur votre expérience, sur vos lectures, votre culture personnelle et les connaissances acquises dans l'ensemble des disciplines.

Votre rédaction sera d'une longueur minimale de 300 mots environ.

Corrigé du sujet d'examen 1

QUESTIONS ET RÉÉCRITURE

1- Qui est désigné dans cet extrait par les pronoms « il » et « ils » ?

Le pronom « Il » désigne le père de la narratrice (« mon père ») alors que le pronom « ils » désigne les deux parents de la narratrice (son père et sa mère).

2- Quel est le rythme de ce texte ? Pourquoi selon vous ?

Ce texte a un rythme rapide, en quelques lignes, la narratrice passe de l'année 1939 à 1944. Selon moi, elle retranscrit des événements qui lui ont été racontés (soit elle n'était pas née, soit trop jeune pour s'en souvenir). Ces événements qu'elle n'a pas connus ne lui ont pas semblé longs.

3- Qui est le narrateur ? Comment raconte-t-il les événements qui ont eu lieu pendant la guerre ? Analysez notamment le vocabulaire et les classes grammaticales.

La narratrice est une femme, comme le prouve la terminaison du participe passé « je suis née ». Elle est née pendant la Seconde Guerre Mondiale.
Elle raconte les événements de cette période de façon objective, sans laisser transparaître ses émotions ou son jugement. Elle ne cherche pas à embellir la réalité : « trop vieux déjà » ou « carriole ». Elle semble détachée des personnages, car elle utilise des pronoms « il » ou « elle » ou « ils » et ne mentionne que « ma mère » sans formuler de l'affection.

4- Analysez les deux phrases suivantes : « Non pas choix, mais nécessité. Ultérieurement, certitude d'avoir joué un rôle, d'avoir vécu vraiment en ces années-là. » Que remarquez-vous ? Quelle impression se dégage ?

Il n'y a pas de verbes conjugués dans ces phrases. Ce sont des phrases non verbales (ou nominales).
Comme les verbes indiquent des actions, l'absence de verbes conjugués semble indiquer que les personnages ont subi les

événements sans pouvoir agir.

5- Quels sont les temps majoritairement employés dans ce texte ? Expliquez leur emploi.

Dans ce texte, les temps majoritairement employés sont :

- le passé composé « il n'a pas été appelé » : il présente une action passée comme étant terminée,

- l'imparfait « continuaient » : pour les descriptions (« il était très gai ») ou les actions répétitives (« Chaque semaine, mon père rapportait »).

6- Étudiez la chronologie de cet extrait et tentez de fournir une explication à ce choix de l'auteur.

L'extrait commence par les événements de l'année 1939 (« En 1939 »).

Ensuite, un saut dans le temps (ellipse) a lieu pour évoquer les événements de l'année 1942 (« Jusqu'au milieu des années cinquante, dans les repas de communion, les réveillons de Noël, l'épopée de cette époque sera récitée à plusieurs voix, reprise indéfiniment avec toujours les thèmes de la peur, de la faim, du froid pendant l'hiver 1942 »).

Enfin, retour en arrière et reprise de l'ordre chronologique (de 1944 à la Libération).

Ceci peut s'expliquer car l'auteur est la narratrice (c'est un texte autobiographique). Elle évoque les événements de façon chronologique pour raconter fidèlement la vie de ses parents, mais au milieu de l'extrait, elle revient sur cette période avec un événement qu'elle a vraiment vécu, et qui arrive subitement dans son esprit.

7- Quel est le point commun entre le texte et la photographie ?

Le texte se termine par la joie lors de la Libération et le souvenir des avions qui ont participé au débarquement pour libérer la France (« Quand on entendait un avion, il m'emmenait par la main dans la rue et me disait de regarder le ciel, l'oiseau : la guerre était finie. »).

Or, la photographie montre un bombardier, Martin B-26 Marauder de la 9th Airforce.

8- Les impressions produites par le texte et par la photographie sont-elles identiques ? Expliquez pourquoi.
La photographie présente une scène de combat terrifiante, alors que le texte raconte un moment de joie. Ceci peut s'expliquer par l'âge de la narratrice au moment des faits (ce n'était qu'une enfant qui n'a pas réalisé le danger).

9-« En 1939 il n'a pas été appelé, trop vieux déjà. Les raffineries ont été incendiées par les Allemands et il est parti à bicyclette sur les routes [...]. Il a reçu des éclats d'obus au visage et il s'est fait soigner dans la seule pharmacie ouverte. »
Réécrivez ces phrases en remplaçant le pronom « Il » par « Elle », en mettant les verbes au plus-que-parfait et en procédant à toutes les transformations nécessaires.

« En 1939 elle n'avait pas été appelée, trop vieille déjà. Les raffineries avaient été incendiées par les Allemands et elle était partie à bicyclette sur les routes [...]. Elle avait reçu des éclats d'obus au visage et elle s'était fait soigner dans la seule pharmacie ouverte. »

<u>DICTÉE</u>

La ville avait été brûlée par les Allemands, les baraques et les manèges s'élevaient entre les décombres. Pendant trois mois, ils ont vécu dans un deux-pièces meublé sans électricité, au sol de terre battue, prêté par un membre de la famille. [...]

Il s'est fait embaucher par la ville au remblaiement des trous de bombe. [...]

L'après-midi, elle me promenait dans toute la ville. Le centre seul avait été détruit, les magasins s'étaient installés dans des maisons particulières.

ANNIE ERNAUX : « LA PLACE » (Gallimard, 1983).

RÉDACTION

Sujet A : Invention

Un français habitant en Normandie raconte comment il a vécu la journée du 6 Juin 1944 (le jour J du débarquement).

Vous ferez un récit d'une longueur minimale de 300 mots environ qui sera organisé et qui utilisera des connaissances issues des documents présentés, des leçons apprises cette année dans les différentes disciplines et de votre culture personnelle.

Vous insisterez sur ses sensations, ses réactions et ses pensées.

Vous devez absolument respecter le sujet :

- un lieu précis : la Normandie,

- un jour précis : le 6 Juin 1944,

- un personnage : un habitant de Normandie

Vous devez présenter des sensations (peur, joie, …), des réactions (comment ce personnage a réagi), et ses pensées.

Vous devez respecter les événements et connaissances historiques de la Seconde Guerre Mondiale apprises durant l'année.

Par contre, votre personnage peut-être au choix un homme ou une femme, mais qui doit vivre en Normandie.

Exemple de rédaction :

Voici un véritablement extrait du souvenir du débarquement de juin 1944 d'une jeune maîtresse d'école normande : Marcelle Hamel

(Numéro d'archivage: TE277 - Lieu : Mémorial de Caen - Récit recueilli par Etienne Marie-Orléach)

Source : http://www.memoires-de-guerre.fr

Au mois de juin, les jours n'en finissent plus et la nuit n'est qu'un long crépuscule car l'obscurité n'y est jamais complète. Il est environ 22 heures, ce lundi 5 juin, et je viens de me coucher près de ma mère. Nous dormons toutes les deux sur un canapé-lit que nous ouvrons chaque soir dans la salle commune, car nous avons depuis l'évacuation de Cherbourg laissé notre chambre à mes grands-parents. Le canapé fait face à la fenêtre toute grande ouverte sur la nuit. Ainsi, de mon lit, je contemple encore un moment la fin de ce beau jour. Je pense avec mélancolie à un soir de juin tout pareil, celui de juin 1940 où mon ami Jean m'a quittée pour aller rejoindre la France Libre. J'ai su qu'il avait débarqué en Afrique du Nord, peut-être est-il déjà en Italie ? Peut-être que bientôt... Mais ne divaguons plus, essayons de dormir.

Un vrombissement d'avions trouble tout à coup le silence du soir. Mais c'est tellement habituel, on y prend d'autant moins garde qu'ici il n'y a pas d'objectif militaire et que la voie ferrée est à plus de cinq kilomètres. Mais le bruit s'amplifie, le ciel s'éclaire et rougeoie. Je me lève, et bientôt toute la famille est debout. Nous sortons dans la cour. Là tout semble calme. On n'entend que la rumeur lointaine d'un bombardement dans la direction de Quinéville. Pourtant, d'inépuisables escadrilles semblent rôder, mystérieuses, dans un incessant ronronnement. Puis, c'est le decrescendo, ce ne sont plus que des bruits vagues et lointains. « C'est comme la dernière fois, dit ma mère, ils ont dû bombarder les blockhaus de la côte ». Et nous allons tous nous recoucher.

Maman s'endort tout de suite. Mais moi, je m'assieds sur mon lit et je continue de contempler le rectangle de nuit claire que découpe la fenêtre. Le besoin de dormir engourdit peu à peu mon esprit, mais je garde les yeux grands ouverts sur la nuit. C'est dans cette sorte de demi-sommeil que je vois surgir, se découpant en sombre sur le clair-obscur du ciel, des ombres fantastiques, comme de grands parasols noirs qui semblent pleuvoir doucement sur les champs d'en face, puis disparaître derrière la ligne noire des haies.

Non, je ne rêve pas ! Grand-mère qui ne dormait pas, les a vus, elle aussi, par la fenêtre de sa chambre. Je réveille maman et ma tante. Nous nous rhabillons à la hâte et sortons dans la cour. De nouveau, le ciel s'est empli d'un incessant bourdonnement qui va s'intensifiant. Les haies s'animent de craquements insolites. Le père Dumont, le voisin d'en face, un veuf qui habite là avec ses trois gosses, est sorti lui aussi. Il vient vers nous nous montrer, accrochée à l'angle du toit du préau, la toile d'un parachute. Les gamins Dumont ont suivi leur père et nous ont rejoints dans la cour de l'école. Mais la nuit ne nous a pas encore livré son secret.

Une curiosité impatiente est plus forte que l'émotion qui m'étreint. Je sors de la cour, fais quelques pas sur le chemin. À la barrière du clos voisin, un homme est assis sur le rebord du talus. Il est harnaché de gros sacs et armé de pied en cap : fusil, pistolet et une sorte de coutelas. Il me fait signe d'approcher. En anglais, je lui demande si son avion a été abattu. Il me détrompe et m'assène, à mi-voix, dans un français très pur, la formidable nouvelle : « C'est la grande invasion... Des milliers et des milliers de parachutistes descendent sur ce pays cette nuit. Je suis un soldat américain, mais je parle bien votre langue, ma mère est une française des Basses-Pyrénées ». Je questionne : « Que se passe-t-il sur la côte ? Y a-t-il un débarquement ? Et les Allemands ? » L'émotion bouleverse mes pensées et me fait bafouiller. Il ne répond pas à mes questions mais m'interroge sur l'importance et la situation de l'ennemi dans ces parages. Je le rassure : « Il n'y a pas d'Allemands ici ; les plus proches sont cantonnés à Sainte-Mère-Église, à près de deux kilomètres ».

L'Américain me dit qu'il voudrait consulter sa carte dans un endroit où l'on ne risque pas de repérer la lueur de sa torche électrique. Je lui propose d'entrer chez nous. Il hésite car il craint, dit-il, de nous compromettre au cas où des Allemands viendraient à surgir à l'improviste. C'est une éventualité qui ne m'a pas même effleuré l'esprit et que, dans mon inconscience du danger, je refuse encore d'envisager. J'insiste et le rassure : « Le père Dumont et ma vieille tante vont surveiller les abords de l'école, l'un par devant et l'autre par derrière ». Le soldat nous suit alors en boitillant ; il m'explique qu'il s'est foulé la cheville en atterrissant et refuse de se laisser soigner. Il y a des urgences plus grandes. Dans la classe, où grand-mère, maman et les enfants Dumont sont entrés à sa suite, il se débarrasse d'une de ses trois ou quatre musettes, il arrache les bandelettes gommées qui la scellent et en extrait des cartes d'État-major. Il en étale une sur un pupitre. C'est la carte de la région. Il me demande de lui montrer l'endroit précis où il se trouve. Il est étonné d'être si loin de la voie ferrée et d'une petite rivière qui s'appelle le Merderet et borde le marais de Neuville vers l'ouest. Je lui indique le chemin à suivre pour s'en rapprocher. C'est par là, en principe, qu'il doit retrouver ses compagnons. Il regarde sa montre. Machinalement, j'en fais autant. Il est onze heures vingt. Il replie sa carte, fait disparaître toute trace de son passage et, après avoir sorti de sa poche du chocolat qu'il donne aux enfants[, si] ébahis qu'ils en oublient de le manger, il prend congé de nous. Il paraît parfaitement calme et maître de lui, mais la main qu'il me tend est moite et se crispe un peu dans la mienne. Je lui souhaite bonne route d'une voix qui se veut joviale. « Bonne nuit à vous tous ! » répond-il. Et il ajoute en anglais pour n'être compris que de moi : « Les jours qui viennent vont être terribles. Bonne chance mademoiselle, merci, je penserai à vous toute ma vie. » Et il disparaît comme une vision de rêve.

Le mystère de la nuit s'épaissit à nouveau. Nous restons dehors attendant nous ne savons quoi, étouffant nos voix. Et subitement, c'est un extraordinaire embrasement. L'horizon, du côté de la mer, s'éclaire comme des reflets d'un immense incendie qu'on aurait allumé sur l'Océan. Le formidable grondement des pièces de marine parvient jusqu'ici, mais assourdi et comme submergé par une multitude de bruits indéfinissables.

De noires silhouettes d'avions arrivent par nuées et tournoient dans le ciel. L'un d'eux passe juste au-dessus de notre petite école, il allume ses feux et lâche... quoi ? Un instant, nous croyons que c'est un chapelet de bombes. Mais nous ne faisons qu'ébaucher le geste de nous jeter à terre, car les parachutes s'ouvrent presque aussitôt et ils flottent comme un essaim de bulles noires dans la nuit claire. Puis ils s'égaillent avant de disparaître dans les confusions du paysage nocturne. Un autre avion passe au-dessus de nous et largue son chargement. Les parachutes semblent d'abord entraînés dans le sillage de l'avion, puis ils amorcent une verticale vertigineuse et enfin les dômes de soie s'ouvrent. La descente se ralentit de plus en plus à mesure qu'ils approchent du sol. Toutefois, celle des hommes qu'on distingue nettement à leurs jambes pendantes s'achève un peu plus rapidement que celle des sacs de vivres, de matériel et de munitions. Ce n'est bientôt plus dans le ciel au-dessus de nos têtes qu'un immense ballet de parachutes.

Le spectacle sur la terre n'est pas moins extraordinaire. De tous les coins de la campagne, des gerbes de fusées multicolores jaillissent comme lancées par d'invisibles jongleurs. Et voilà que sur les champs d'alentour, tels des vaisseaux fantômes, de grands aéroplanes noirs glissent silencieusement vers le sol où ils semblent se poser comme dans un rêve ! Ce sont les premières escadrilles de planeurs. Notre premier parachutiste faisait partie d'un groupe d'éclaireurs largués pour signaler les zones de descentes et les aires d'atterrissage. Les heures passent. Nous restons dehors dans la cour. Aux détonations et explosions se mêle tout près de nous le martèlement des galops affolés des chevaux échappés de leurs enclos. Je voudrais bien sortir pour aller voir ce qui se passe plus loin, mais ma mère m'en dissuade.

L'aube du 6 juin commence à faire pâlir la nuit. Je frissonne sous le souffle frais de l'heure matinale. Les Dumont s'en vont chez eux et nous rentrons pour nous réchauffer un peu dans la tiède et rassurante ambiance de la maison.

Brusquement, quatre ou cinq soldats au casque rond, l'arme au poing, pénètrent dans la cour. Celui qui doit être le chef frappe violemment à la porte en criant avec un fort accent yankee : « Nous, soldats américains... Y a-t-il des Allemands ici ? » À son air conquérant et sûr de lui, on croirait qu'il a déjà gagné la guerre. Nous les accueillons à bras ouverts. Leur assurance est si communicative que nous considérons déjà que la libération est faite comme si, en une nuit, toute l'armée allemande s'était volatilisée. Moment d'euphorie. Je ne tiens plus en place, je sors, je rentre, je vais et viens de la porte d'entrée à la barrière de la cour. Je vois passer des parachutistes qui, rasant les haies, se dirigent vers leurs points de rassemblement. La plupart ont le visage barbouillé de noir et me regardent en me souriant drôlement sous leur étrange maquillage. Plusieurs traînent un peu la jambe, d'autres sont drapés dans la soie aux tons verts et bruns de leurs parachutes. Leurs silhouettes massives sous le gros casque rond, le grand coutelas planté à l'intérieur de la tige de leurs belles chaussures montantes de cuir jaune, leur allure et leur démarche, tout cela évoque des histoires de bandits et de Far West.

Un jeune homme qui [avait été] embauché dans une ferme voisine et qui était en fait, je ne l'ai su qu'après, un gars de la Résistance, se présente à la barrière avec d'autres soldats américains et me demande de leur servir d'interprète, je vais pouvoir enfin être utile ! Celui qui doit être l'officier, bien qu'aucun galon ne le distingue des autres, me présente sa carte d'État-major et me désigne la ferme des Noires Terres, près du village de la Fière à proximité de la ligne Paris-Cherbourg, entre les gares de Fresville et de Chef-du-Pont. Il veut savoir le meilleur chemin pour y parvenir et me demande s'il y a des cantonnements allemands de ce côté. Il voudrait que quelqu'un les guide jusque-là. « J'y vais, dit le jeune résistant, je connais très bien le chemin. » Et il part avec eux.

Un autre groupe de soldats fait halte devant l'école et cherche, lui aussi, à s'orienter. L'officier me fait signe d'approcher. Il est heureux de constater que je comprends l'anglais. Il me montre sur sa carte « la Chasse des trois Ormes » aux abords de laquelle est son point de ralliement. C'est un petit chemin, juste au bas de la côte à l'entrée de Sainte-Mère-Église. Comme les Américains veulent éviter la grande route, l'itinéraire est assez compliqué : il faut connaître les brèches qui permettent de franchir les haies pour passer à travers champs. Je propose de leur servir de guide, l'officier, qui a conscience des risques, hésite à accepter mon offre. Mais comme il n'a pas le choix, tout en continuant à mâchonner son chewing-gum, il dit « O.K. » en me donnant une petite tape amicale sur l'épaule. Et nous partons. Comme nous approchons de Sainte-Mère, une mitraillade éclate tout à coup. Les soldats s'arrêtent. Moi, j'ai la gorge serrée. Si j'étais seule, je m'enfuirais en courant vers la maison, mais mes Américains sont là. Encore deux herbages à traverser en longeant les haies. Et on aperçoit le chemin des Trois Ormes. Mission accomplie !

Il me faut maintenant refaire ce parcours en sens inverse et cette fois, seule. Cela me paraît interminable. J'ai l'impression que, comme dans un cauchemar, je marche sur place sans avancer. Dans les champs que je traverse, des groupes silencieux s'affairent à des besognes qui me paraissent bien étranges. À la Croix de Neuville, les Américains installent je ne sais quoi en travers de la route nationale. Les trois gamins de Dérot[,] le fermier voisin, et son commis les observent de l'endroit où le chemin de l'école débouche sur la grande route, précisément en face de la Croix. Je me joins au petit groupe des curieux. Un soldat s'avance vers nous et nous fait signe de nous éloigner. Un autre, juché au faîte du plus proche poteau électrique, vient de couper les fils. De son perchoir, il crie quelque chose que je ne comprends pas à ses camarades occupés sur la route. Aussitôt, ces derniers s'écartent de l'endroit où ils besognaient et nous font reculer avec eux dans le chemin de l'école, pendant que l'autre descend prestement de son poteau et nous rejoint. Nous n'avons aucune idée de ce qui va se passer, mais nous sommes sûrs qu'il va se passer quelque chose.

Cela ne tarde pas d'ailleurs[,] en moins de temps qu'il n'en faut pour le dire un camion militaire allemand suivi d'une auto et d'une moto arrive et passe à la Croix. Une explosion formidable, une fumée chargée de débris qui jaillissent en l'air puis s'égaillent en un grand fracas de ferraille... Et c'est fini. Nous comprenons alors que la route venait d'être minée par les Américains. Mais les quelques Allemands qui, au petit matin du 6 juin, roulaient ainsi à vive allure en direction de Sainte-Mère-Église n'y auront, eux, jamais rien compris.

Tous les gens du village sont maintenant sortis de chez eux pour accueillir les parachutistes et on fête déjà le débarquement en invitant les Américains à boire un coup en passant. Des rires, des oh ! des ah ! devant les nouveautés qui nous étonnent, par exemple une petite auto, une des premières Jeeps, descendue du ciel en planeur.

Mais notre bonheur ne dure pas longtemps. Les Américains postent un petit canon à la Croix, il me semble entendre un crépitement de balles. Sur le chemin où je me hasarde, un soldat est blotti derrière la haie. Il se tient immobile et courbé, comme aux aguets. Dès qu'il m'aperçoit, il pose mystérieusement un doigt sur ses lèvres, puis me désigne quelque chose sur la gauche. Je tourne mes regards dans cette direction, et aussitôt les mots que j'allais dire s'étranglent dans ma gorge. Au détour du chemin, des soldats allemands avancent en file indienne, l'arme à la main, courbant l'échine, rasant la haie. Je réalise l'imminence du danger et m'enfuis vers la maison. À peine suis-je rentrée que plusieurs rafales de mitraillette font vibrer les vitres.

Les Boches sont donc encore là ! C'est à peine croyable ! J'en suis à me demander si je les ai vraiment bien vus. Hélas, mes doutes s'évanouissent quand j'aperçois de ma fenêtre un groupe d'uniformes vert-de-gris qui sortent de la cour du père Dumont. Ma déception est brutale. Je m'accroche à l'espoir qu'il ne s'agit que d'un petit groupe d'isolés essayant de rejoindre vers Montebourg le gros de la troupe. D'ailleurs voici maintenant trois Américains qui passent, plongeant des regards inquisiteurs dans les buissons des haies, prêts à réagir au moindre mouvement suspect. Il est environ 4 heures de l'après-midi. Je rentre prudemment à la maison, et postée derrière la fenêtre, je vais rester jusqu'à la nuit à observer anxieusement ce qui se passe au dehors. À vrai dire, je ne vois pas grand-chose. C'est le lendemain, par les uns et les autres, que je saurai un peu mieux les événements de la soirée.

Les Allemands, d'abord déroutés, se sont ressaisis et regroupés. C'est ainsi que de petits groupes des deux camps se rencontrent et s'affrontent dans les champs, sur les chemins et sentiers autour du bourg. Les Allemands, ayant reçu du renfort, contre-attaquent et mettent les Américains en position plutôt critique. Un cycliste annonce au château qu'une colonne allemande descend d'Émondeville vers Neuville. À peine le temps de prévenir les Américains présents, et la colonne est là. Il y a des Allemands partout, autour du château, dans le parc, dans la cour, dans le jardin. Ils surgissent de toutes parts, cernant, puis occupant le château. Ils y amènent des Américains blessés qu'ils ont faits prisonniers ainsi que le cadavre d'un des occupants du camion allemand qui a sauté le matin sur les mines à la Croix de Neuville, ce doit être le chauffeur car la rigidité cadavérique l'a figé dans le geste de tenir encore le volant. Ils l'ont étendu sur la longue table de la cuisine où il attire les mouches.

En bref, au soir du 6 juin, la situation telle que nous la percevons à Neuville, n'est pas brillante et [est] bien confuse. Nous n'avons pas perdu confiance, mais notre joie du matin est remplacée par une lourde anxiété.

Sujet B : Réflexion

Selon vous, la guerre (ou toute autre situation difficile) change-t-elle la personnalité de ceux qui y prennent part ?

Vous répondrez à cette question dans un développement argumenté en vous appuyant sur votre expérience, sur vos lectures, votre culture personnelle et les connaissances acquises dans l'ensemble des disciplines.

Votre rédaction sera d'une longueur minimale de 300 mots environ.

Il s'agit d'un sujet de réflexion ou vous devez développer plusieurs arguments.
Vous devez traiter les deux aspects de la réponse :
- la guerre (ou toute autre situation difficile) change la personnalité de ceux qui y prennent part
- la guerre (ou toute autre situation difficile) ne change pas la personnalité de ceux qui y prennent part

Chaque argument doit être illustré par un exemple concret.

Exemple de rédaction :

Les français de métropole n'ont pas eu à vivre de guerre sur le territoire national depuis la Seconde Guerre Mondiale. Par contre, les personnes âgées qui ont vécu ce conflit, qu'il s'agisse de ceux qui ont participé aux combats ou des habitants qui ont assisté à des scènes inhabituelles, en reparlent encore. Mais même s'ils ont été marqués par ce qu'ils ont vécu, ont-ils pour autant vu leur personnalité changer ? Nous nous demanderons si, quel que soit le conflit, la guerre change la personnalité, c'est à dire le comportement, le raisonnement et les émotions ? Dans une première partie, nous présenterons les impacts sur les individus et dans une deuxième partie, nous montrerons que ces changements ne sont pas radicaux.

Sans nul doute, se battre pendant une guerre ou y prendre part indirectement a des effets indiscutables qui transforment les participants.

Subir ou assister en personne à des actes de cruauté, des crimes, ou même être celui qui les inflige met fin à l'innocence. L'auteur du crime devient à ses propres yeux un criminel. La victime de cruautés n'a plus la même vision de la nature humaine en ayant aperçu son côté le plus sombre.

De plus, cette immersion dans une guerre provoque des blessures soit physiques, à l'image des gueules cassées de la Première Guerre Mondiale, soit psychologiques, comme le syndrome post traumatique qui frappe les anciens soldats. Les handicaps subis obligent l'ancien combattant à voir la vie différemment et les blessures psychologiques provoquent de nouvelles peurs, des psychoses face aux bruits, à l'obscurité, à la foule, ... par exemple.

Cependant, même si les effets sur le corps et l'esprit existent bel et bien, ce ne sont pas de véritables changements de personnalité.

La personnalité est acquise à la naissance en partie. Donc, le tempérament d'une personne est bien ancré et ne peut être affecté par ce qu'il vit ou vient de vivre. Seuls les traits de caractère dépendent des interactions avec les autres et l'environnement. La guerre ne peut donc changer la nature profonde et stable d'un individu.

Aussi, les traumatismes ne sont jamais durables et guérissent avec le temps. Forts dans les semaines, mois ou années après le retour à une vie normale, ils vont s'estomper petit à petit pour n'être plus que des souvenirs. La vie va reprendre le dessus et le temps va effacer les horreurs.

Ainsi, même si la guerre marque une personne fortement, elle n'est pas à même d'annihiler totalement sa personnalité en la « reprogrammant ». Par le passé, les conflits longs et meurtriers, comme la Grande Guerre, ont eu des répercussions fortes. Aujourd'hui, les nouvelles formes de conflits qui se profilent, utilisant des drones commandés à distance par des soldats installés en sûreté loin de la zone de combat, auront certainement moins d'impacts sur les militaires.

Sujet d'examen 2

Dimanche, 6 septembre

Une heure et demie du matin. Sacs à terre, fusils dessus, en ligne de sections par quatre à la lisière d'un petit bois maigre, des bouleaux sur un sol pierreux. Il fait froid. Je vais placer en avant un poste d'écoute et reviens m'asseoir parmi mes hommes. Immobilité grelottante ; les minutes sont longues. L'aube blanchit. Je ne vois autour de moi que des visages pâlis et fatigués.

Quatre heures. Une dizaine de coups de feu, sur notre droite, me font sursauter au moment où j'allais m'assoupir. [...]

Le jour grandit, clair et léger. Mon camarade de lit de Nubécourt débouche son inépuisable bidon, et nous buvons, à jeun, une goutte d'eau-de-vie sans bouquet, de l'alcool pur.

Enfin le capitaine nous réunit et, en quelques mots, nous renseigne :

« Un corps d'armée allemand, dit-il, marche vers le sud-ouest, ayant pour flanc-garde une brigade qui suit la vallée de l'Aire. Le 5e corps français va buter le corps allemand en avant ; nous allons, tout à l'heure, prendre la brigade de flanc. »

Face à l'Aire, Sommaisne derrière nous, on creuse des tranchées avec les pelles-pioches portatives. Les hommes savent qu'on va se battre : ils activent. En avant et à gauche, vers Pretzen-Argonne, un bataillon du 5e corps nous couvre. Je vois à la jumelle, sur le toit d'une maison, deux observateurs immobiles. Les tranchées s'ébauchent. On y est abrité à genoux. C'est déjà bien.

Vers neuf heures, le bombardement commence. Les marmites sifflent sans trêve, éclatent sur Pretz, crèvent des toits, abattent des pans de murs. Nous ne sommes pas repérés, nous sommes tranquilles. Mais nous sentons la bataille toute proche, violente, acharnée.

Onze heures : c'est notre tour. Déploiement en tirailleurs tout de suite. Je ne réfléchis pas ; je n'éprouve rien. Seulement, je ne sens plus la fatigue fiévreuse des premiers jours. J'entends la fusillade tout près, des éclatements d'obus encore lointains. Je regarde, avec une curiosité presque détachée, les lignes de tirailleurs bleues et rouges, qui avancent, avancent, comme collées au sol. Autour de moi, les avoines s'inclinent à peine sous la poussée d'un vent tiède et léger. Je me répète, avec une espèce de fierté : « J'y suis ! J'y suis ! » Et je m'étonne de voir les choses telles que je les vois d'ordinaire, d'entendre des coups de fusil qui ne sont que des coups de fusil. Il me semble, pourtant, que mon corps n'est plus le même, que je devrais éprouver des sensations autres, à travers d'autres organes.

« Couchez-vous ! »

Quelques-uns viennent de chanter au-dessus de nous. Le crépitement de la fusillade couvre leur petite voix aiguë, mais je me rends compte qu'en arrière leur chanson se prolonge en s'effilant, très loin.

Nous commençons à progresser. Ça marche, vraiment, d'une façon admirable, avec la même régularité, la même aisance qu'au champ de manœuvres. Et peu à peu monte en moi une excitation qui m'enlève à moi-même. Je me sens vivre dans tous ces hommes qu'un geste de moi pousse en avant, face aux balles qui volent vers nous, cherchant les poitrines, les fronts, la chair vivante.

On se couche, on se lève d'un saut, on court. Nous sommes en plein sous le feu. Les balles ne chantent plus ; elles passent raide, avec un sifflement bref et colère. Elles ne s'amusent plus ; elles travaillent.

Clac ! Clac ! En voici deux qui viennent de taper à ma gauche, sèchement. Ce bruit me surprend et m'émeut : elles semblent moins dangereuses et mauvaises lorsqu'elles sifflent. Clac ! Des cailloux jaillissent, des mottes de terre sèche, des flocons de poussière : nous sommes vus, et visés. En avant !

MAURICE GENEVOIX : «SOUS VERDUN » Chapitre IV- Les Jours de la Marne (1916).

Les réponses aux questions doivent être entièrement rédigées.

QUESTIONS ET RÉÉCRITURE (1H10 - 50 points)

1- Qui est le narrateur ? Justifiez avec des éléments du texte. Comment qualifiez-vous ce type de document ? Quels indices vous permettent de l'affirmer ? (6 points)

2- Analysez le rythme de la narration et apportez une explication. (8 points)

3- Quel est l'état d'esprit du narrateur ? (6 points)

4- Quel est le temps majoritairement employé dans cet extrait ? Expliquez sa valeur et l'effet produit sur le lecteur. (4 points)

5- Comment imaginez-vous le lieu de la scène. Décrivez-le en vous basant sur le texte et sur vos connaissances. (8 points)

Des soldats du « Border regiment » se reposent dans une tranchée à Thiepval (Somme), en août 1916.
Photo prise par le lieutenant Ernest Brooks. « The Great War: A Photographic Narrative » (édité par Mark Holborn, publié par Jonathan Cape et l'Imperial War Museum).

6- Quels sont les points communs entre le texte littéraire et la photographie ? (4 points)

7- Quelles impressions sont produites par la photographie ? Expliquez pourquoi. (6 points)

8- Réécriture :

« Vers neuf heures, le bombardement commence. Les marmites sifflent sans trêve, éclatent sur Pretz, crèvent des toits, abattent des pans de murs. Nous ne sommes pas repérés, nous sommes tranquilles. Mais nous sentons la bataille toute proche, violente, acharnée. »

Réécrivez ces phrases en employant le système de temps du passé (imparfait et passé simple) et en procédant à toutes les transformations nécessaires. **(8 points)**

DICTÉE (20 minutes – 10 points)

Veuillez demander à quelqu'un de votre entourage de vous lire le texte présent dans le corrigé.

RÉDACTION (1H30 – 40 points)

Vous traiterez au choix le sujet A ou B :

Sujet A : Imagination

Imaginez la suite du texte littéraire.

Vous veillerez à respecter la présentation et le style du texte original.

Votre rédaction basée sur votre culture personnelle et sur les connaissances acquises dans l'ensemble des disciplines devra être d'une longueur minimale de 300 mots environ.

Sujet B : Réflexion

Comment les hommes peuvent réagir face à des situations de combat ou plus généralement de stress intense ?

Vous répondrez à cette question dans un développement argumenté en vous appuyant sur votre expérience, sur vos lectures, votre culture personnelle et les connaissances acquises dans l'ensemble des disciplines.

Votre rédaction sera d'une longueur minimale de 300 mots environ.

Corrigé du sujet d'examen 2

QUESTIONS ET RÉÉCRITURE

1- Qui est le narrateur ? Justifiez avec des éléments du texte. Comment qualifiez-vous ce type de document ? Quels indices vous permettent de l'affirmer ?

Le narrateur est un soldat français qui a participé à la Première Guerre Mondiale (d'après le titre et la date de l'oeuvre).
Il obéit aux ordres d'un capitaine, creuse des tranchées et se retrouve sous les tirs ennemis.

Le texte est écrit à la première personne du singulier (« je ») et raconte jour par jour les événements qui sont arrivés au narrateur. Il s'agit d'un récit autobiographique qui prend la forme d'un journal intime.

2- Analysez le rythme de la narration et apportez une explication.

L'extrait raconte la journée du 6 septembre.
La narration commence par un déplacement à une heure et demie du matin.
Ensuite, il y a une ellipse temporelle jusqu'à « quatre heures ». Le récit a été interrompu par l'inactivité du narrateur qui s'endort «m'assoupir ».
S'ensuit une nouvelle ellipse jusqu'au lever du jour, « Le jour grandit, clair et léger ». Ces ellipses indiquent des moments d'inaction.
Puis une mention sommaire des activités jusqu'au bombardement « Vers neuf heures ». Le narrateur n'est pas impliqué dans un combat donc il mentionne ce qu'il fait sans trop s'attarder.
Lorsque les bombes se rapprochent, le récit est détaillé et chronologique, ce qui montre l'activité du narrateur qui doit analyser tout ce qui l'entoure. Il est focalisé sur les descriptions qui font appel à ses sens et sur ses sensations.

3- Quel est l'état d'esprit du narrateur ?

Le texte fait initialement part d'une impression de puissance, voire d'inconscience des poilus « Nous ne sommes pas repérés, nous sommes tranquilles. ». Le narrateur éprouve même de la « fierté » à participer à la guerre. Il pense alors que leur régiment est invincible « Ça marche, vraiment, d'une façon admirable, avec la même régularité, la même aisance qu'au champ de manœuvres. ».

Se sentant excité et vivant, il va changer d'état d'esprit : il prend alors conscience du danger « Les balles ne chantent plus ; elles passent raide, avec un sifflement bref et colère. Elles ne s'amusent plus ; elles travaillent. [...] nous sommes vus, et visés. En avant ! ».

4- Quel est le temps majoritairement employé dans cet extrait ? Expliquez sa valeur et l'effet produit sur le lecteur.

Le texte est écrit au présent de l'indicatif. Il s'agit d'un présent de narration qui rend le récit plus vivant. Nous avons l'impression de vivre le combat, d'autant plus que de nombreux sens sont utilisés dans les descriptions (vue, ouïe, toucher). Il y a également du présent d'énonciation dans les phrases retranscrites au discours direct : en tant que lecteur, nous avons l'impression d'assister à la scène, d'être au front avec le régiment.

5- Comment imaginez-vous le lieu de la scène. Décrivez-le en vous basant sur le texte et sur vos connaissances.

Il s'agit ici de fournir une réponse organisée reprenant la réalité des zones de combats lors de la Première Guerre Mondiale (tranchée, boue, paysages dévastés, ...) sans oublier de mentionner les soldats et les armes.

Voici la description du paysage faite par un soldat de la Première guerre mondiale dans une lettre à sa famille.

« Tu ne peux pas imaginer le paysage qui nous environne, plus aucune végétation, ni même une ruine ; ici et là, un moignon de tronc d'arbre se dresse tragiquement sur le sol criblé par des milliers et des milliers de trous d'obus qui se touchent. Plus de tranchées ni de boyaux pour se repérer [...]. Entre nous et les Allemands, pas de réseaux de barbelés, tout est pulvérisé au fur et à mesure de la canonnade. Mais plus active que le bombardement, pire que le manque de ravitaillement, c'est l'odeur qui traîne, lourde et pestilentielle, qui te serre les tripes, te soulève le cœur, t'empêche de manger et même de boire. Nous vivons sur un immense charnier où seuls d'immondes mouches gorgées de sang et de gros rats luisants de graisse ont l'air de se complaire : tout est empuanti par les cadavres en décomposition, les déchets humains de toutes sortes, les poussières des explosifs et les nappes de gaz. »

EUGÈNE BOUIN, MAI 1916, VERDUN

6- Quels sont les points communs entre le texte littéraire et la photographie ?

La photographie, tout comme le texte, est un témoignage de la Grande Guerre. Les soldats sont organisés en régiments et attendent dans une tranchée. Alors qu'ils sont à l'écart du combat pour se reposer, nous savons que « la bataille » est « toute proche, violente, acharnée ».

7- Quelles impressions sont produites par la photographie ? Expliquez pourquoi.

La photographie évoque la destruction par la dévastation du paysage. L'impression de peur s'empare du public. Les hommes sont faibles et épuisés ; nous compatissons pour ces malheureux.

8- Réécriture

« **Vers neuf heures, le bombardement commence. Les marmites sifflent sans trêve, éclatent sur Pretz, crèvent des toits, abattent des pans de murs. Nous ne sommes pas repérés, nous sommes tranquilles. Mais nous sentons la bataille toute proche, violente, acharnée.** »

Réécrivez ces phrases en employant le système de temps du passé (imparfait et passé simple) et en procédant à toutes les transformations nécessaires.

Vers neuf heures, le bombardement commença. Les marmites sifflaient sans trêve, éclataient sur Pretz, crevaient des toits, abattaient des pans de murs. Nous n'étions pas repérés, nous étions tranquilles. Mais nous sentions la bataille toute proche, violente, acharnée.

DICTÉE

L'ordre de départ est tombé comme un coup de tonnerre : courses précipitées par la ville, avec la crainte et la certitude d'oublier quelque chose. Je trouve à peine le temps de prévenir les miens. Dernière revue dans la cour du quartier. J'étais à la cantine lorsque l'ordre m'a surpris. J'ai bondi, traversé la cour, et me voici, raide comme un piquet, devant deux files de capotes bleues et de pantalons rouges.

Il était temps : le général arrive déjà à la droite de ma section. Au port du sabre, ma main droite serrant la poignée de l'arme, ma main gauche pétrissant, à travers un papier gras, ma récente emplette : deux sous de pain et une charcuterie sans nom, qui sue.

Le général est devant moi : jeune, bien pris dans la tunique, visage énergique et fin.

« Lieutenant, je vous souhaite bonne chance. — Merci, mon général ! — Je vous tends la main, lieutenant ! »

MAURICE GENEVOIX : «SOUS VERDUN » Chapitre I- Prise de contact (1916).

RÉDACTION

Sujet A : Invention

Imaginez la suite du texte littéraire.

Vous veillerez à respecter la présentation et le style du texte original.

Votre rédaction basée sur votre culture personnelle et sur les connaissances acquises dans l'ensemble des disciplines devra être d'une longueur minimale de 300 mots environ.

Pour ce sujet, vous deviez conserver le temps employé (présent de l'indicatif), la première personne du singulier, la narration chronologique (jour et indications temporelles), utiliser les sens, retranscrire des paroles au discours direct, ... Surtout ne faire aucun anachronisme (il s'agit d'événements de la Première Guerre Mondiale) et rédiger un récit réaliste.

Voici la suite du texte original :

Je cours le premier, cherchant le pli de terrain, le talus, le fossé où abriter mes hommes, après le bond, ou simplement la lisière de champ qui les fera moins visibles aux Boches. Un geste du bras droit déclenche la ligne par moitié ; j'entends le martèlement des pas, le froissement des épis que fauche leur course. Pendant qu'ils courent, les camarades restés sur la ligne tirent rapidement, sans fièvre. Et puis, lorsque je lève mon képi, à leur tour ils partent et galopent, tandis qu'autour de moi les lebels crachent leur magasin.

Un cri étouffé à ma gauche ; j'ai le temps de voir l'homme, renversé sur le dos, lancer deux fois ses jambes en avant ; une seconde, tout son corps se raidit ; puis une détente, et ce n'est plus qu'une chose inerte, de la chair morte que le soleil décomposera demain.

En avant ! L'immobilité nous coûterait plus de morts que l'assaut. En avant ! Les hommes tombent nombreux, arrêtés net en plein élan, les uns jetés à terre de toute leur masse, sans un mot, les autres portant les mains, en réflexe, à la place touchée. Ils disent : «Ça y est!» ou : «J'y suis!» Souvent un seul mot, bien français. Presque tous, même ceux dont la blessure est légère, pâlissent et changent de visage. Il me semble qu'une seule pensée vit en eux : s'en aller, vite, n'importe où, pourvu que les balles ne sifflent plus. Presque tous aussi me font l'effet d'enfants, des enfants qu'on voudrait consoler, protéger. J'ai envie de leur crier, à ceux de là-bas : « Ne les touchez pas ! Vous n'en avez plus le droit ! Ils ne sont plus des soldats. »

Et je parle à ceux qui passent :

« Allons, mon vieux, du courage ! À trente mètres de toi, tu vois, derrière cette petite crête, il n'y a plus de danger... Oui, ton pied te fait mal, il enfle : je sais bien. Mais on te soignera tout à l'heure. N'aie pas peur. »

L'homme, un caporal, s'éloigne à quatre pattes, s'arrête, se retourne avec des yeux de bête traquée, et reprend sa marche de crabe, gauche et tourmentée.

Enfin ! je les vois ! Oh ! à peine. Ils se dissimulent derrière des gerbes qu'ils poussent devant eux ; mais à présent je sais où ils sont, et les balles qu'on tirera autour de moi trouveront leur but.

La marche en avant reprend, continue, sans flottement. J'ai confiance, je sens que ça va. C'est à ce moment qu'arrive un caporal-fourrier, essoufflé, le visage couvert de sueur :

« Mon lieutenant ! — Qu'est-ce qu'il y a ? — Le commandant m'envoie vous dire que vous vous êtes trop avancés. Le mouvement s'est fait trop vite. Il faut s'arrêter et attendre les ordres. »

J'amène ma section derrière une ondulation légère du terrain, dans un pli vaguement indiqué mais où les balles, quand même, frappent moins. Nous sommes là, couchés, attendant ces ordres qui s'obstinent à ne pas venir. Partout, au-dessus de nous, devant nous, à droite, à gauche, ça siffle, miaule, ronfle, claque. À quelques pas de moi, les balles d'une mitrailleuse assourdissante arrivent dans la terre, obstinées, régulières et pressées. La poussière se soulève, les cailloux sautent. Et je suis pris d'une tentation irraisonnée de m'approcher de cette rafale mortelle, jusqu'à toucher cet invisible faisceau d'innombrables et minuscules lingots de métal, dont chacun peut tuer.

Les minutes se traînent, longues, énervantes. Je me soulève un peu, pour essayer de voir ce qui se passe. À gauche, la ligne ténue des tirailleurs se prolonge sans fin : tous les hommes restent aplatis contre leurs sacs debout, et tirent. Derrière un champ d'épis seulement, il y en a une vingtaine qui se lèvent pour viser. Je vois distinctement le recul de leur arme, le mouvement de leur épaule droite que le départ du coup rejette en arrière. Petit à petit, je reconnais : voici la section Porchon, et Porchon lui-même, fumant une cigarette. Voici la section du saint-maixentais, disloquée un peu. Et plus loin, les tirailleurs de la 8e. Derrière eux, un petit homme se promène, debout, tranquille et nonchalant. Quel est ce téméraire ? À la jumelle, je distingue une barbe dorée, la fumée bleue d'une pipe : c'est le capitaine Maignan. On m'avait déjà dit son attitude au feu.

Les ordres, bon Dieu, les ordres ! Qu'est-ce qu'il y a ? Pourquoi nous laisse-t-on là ? Je me lève, décidément. Il faut que je sache ce que font les Boches, où ils sont à présent. Je gravis la pente douce, sautant d'un tas de gerbes à un autre, jusqu'à voir par-dessus la crête : là-bas, à quatre ou cinq cents mètres, il y a des uniformes gris verdâtre, dont la teinte se confond avec celle des champs. Il me faut toute mon attention pour les discerner. Mais, par deux fois, j'en ai vu qui couraient une seconde.

Presque sur leur ligne, loin à droite, un groupe d'uniformes français autour d'une mitrailleuse qui pétarade à triple vitesse.

Je vais placer mes hommes ici ; ça n'est pas loin, et au moins ils tireront.

Comme je redescends, un sifflement d'obus m'entre dans l'oreille : il tombe vers la 8e, dont la ligne se rompt un court espace, puis se renoue presque aussitôt. Un autre sifflement, un autre, un autre : c'est le bombardement. Tout dégringole exactement sur nous.

« Oh !... » Dix hommes ont crié ensemble. Une marmite vient d'éclater dans la section du Saint-Maixentais. Et lui, je l'ai vu, nettement vu, recevoir l'obus en plein corps. Son képi a volé, un pan de capote, un bras. Il y a par terre une masse informe, blanche et rouge, un corps presque nu, écrabouillé. Les hommes, sans chef, s'éparpillent.

Mais il me semble... Est-ce que notre gauche ne se replie pas ? Cela gagne vers nous, très vite. Je vois des soldats qui courent vers Sommaisne, sous les obus. Chaque marmite en tombant fait un grand vide autour d'elle, dispersant les hommes comme on disperse, en soufflant, la poussière. La 8e, maintenant. Si Maignan était là, il la ramènerait. Il m'a semblé, tout à l'heure, que je le voyais porter une main à son visage. La section Boidin suit et lâche : personne, non plus, pour la maintenir. La section voisine à présent. Et soudain, brutalement, nous sommes pris dans la houle : voici des visages inconnus, des hommes d'autres compagnies qui se mêlent aux nôtres et les affolent. Un grand capitaine maigre, celui de la 5e, me crie que le commandant a donné l'ordre de battre en retraite, que nous n'avons pas été soutenus à temps, que nous sommes seuls, et perdus si nous restons. C'est l'abandon de la partie.

De toutes mes forces, j'essaie de maintenir l'ordre et le calme. Je marche les bras étendus, répétant :

« Ne courez pas ! Ne courez pas ! Suivez-moi ! »

Et je cherche les défilements pour épargner le plus d'hommes possible. J'en ai un qui reçoit une balle derrière le crâne, au moment où il va franchir une clôture en fil de fer ; il tombe sur le fil et reste là, cassé en deux, les pieds à terre, la tête et les bras pendant de l'autre côté.

Les obus nous suivent, marmites et shrapnells. Trois fois, je me suis trouvé en pleine gerbe d'un shrapnell, les balles de plomb criblant la terre autour de moi, fêlant des têtes, trouant des pieds ou crevant des gamelles. On va, dans le vacarme et la fumée, apercevant de temps en temps, par une trouée, le village, la rivière sous les arbres. Et toujours, par centaines, les obus nous accompagnent.

Je me souviens que je suis passé à côté d'un de mes sergents que deux hommes portaient sur leurs fusils ; il m'a montré sa chemise déchiquetée, toute rouge, et son flanc lacéré par un éclat d'obus ; les côtes apparaissaient dans la chair à vif.

Je marche, je marche, épuisé maintenant et trébuchant. Je bois, d'une longue gorgée, un peu d'eau restée au fond de mon bidon. On n'a rien mangé depuis la veille.

Quand nous arrivons au ruisseau, les hommes se ruent vers la berge, et goulûment se mettent à boire, accroupis vers l'eau bourbeuse et lapant comme des chiens.

Il doit être sept heures. Le soleil décline dans un rayonnement d'or fauve. Le ciel, sur nos têtes, est d'une émeraude transparente et pâle. La terre devient noire, les couleurs s'éteignent. Nous quittons Sommaisne : c'est la nuit. Des ombres de traînards, en longues théories.

Nous nous arrêtons près de Rembercourt. Alors, je m'allonge sur la terre nue, appelant le sommeil. Et dans le temps qu'il met à venir, j'entends le roulement, sur les routes, des voitures pleines de blessés ; et là-bas, dans Sommaisne, les chocs sourds des crosses dans les portes et les hurlements avinés des Allemands qui font ripaille.

Lundi, 7 septembre

L'humidité du matin m'éveille. Mes vêtements sont trempés, des gouttes d'eau brillent sur le mica de mon liseur. Rembercourt est devant nous, un peu sur la gauche. La grande église écrase le village de sa masse ; nous la voyons de flanc, dans toute sa longueur. À gauche, une petite route qui disparaît entre deux talus.

C'est par cette route que je vois, vers dix heures, revenir mon capitaine et Porchon, avec une poignée d'hommes. Coupés du reste du régiment, ils ont passé la nuit dans les bois, en avant des lignes françaises. Je reconnais de loin le capitaine Rive à son « pic », une lance de uhlan qu'il a depuis Gibercy et dont il ne se sépare jamais. Je vais au-devant de lui, pour lui rendre compte.

Comme auprès de Cuisy, on creuse des tranchées. Les y attendrons-nous, cette fois ? Nous n'avons pas devant nous le large vallon de Dannevoux, mais, dans les cinq cents mètres qui nous séparent de Rembercourt, beaucoup d'entre eux tomberont s'ils avancent par là.

On continue à se battre vers Beauzée. Sans cesse, par petits groupes, des blessés apparaissent à la dernière crête, et lentement s'acheminent vers nous. Ceux qui ont un bras en écharpe marchent plus vite ; d'autres s'appuient sur des bâtons coupés dans une haie ; beaucoup s'arrêtent, puis se traînent quelques mètres, puis s'arrêtent encore.

Je suis allé, l'après-midi, au village. Il était plein de soldats qui fouillaient les maisons, les cuisines, les poulaillers, les caves. J'ai vu des hommes couchés devant des futailles, la bouche ouverte sous le jet de vin qui coulait. Un chasseur, blessé au bras gauche, tapait avec la crosse de son fusil, de toute la force de son bras valide, dans une porte voûtée derrière laquelle il flairait des bouteilles ; des artilleurs sont arrivés et lui ont prêté l'aide de leurs mousquetons ; mais il a fallu de surcroît les lebels de trois fantassins pour avoir raison de la porte massive : fantassins, artilleurs et chasseur ont disparu sous la voûte.

Le docteur Le Labousse m'a conté qu'une forte patrouille

d'infanterie, lancée aux trousses des pillards, avait rencontré, comme ils revenaient du village, quelques lascars attelés à une charrette pleine de butin. L'adjudant chef de patrouille a arrêté la bande, qui s'est enfuie, par crainte des suites. La charrette attendait sur la route, brancards vides, et l'adjudant, perplexe, se grattait la tête... Il paraît que la patrouille et son chef se sont endormis, ce soir-là, le ventre plein.

À partir de trois heures, l'artillerie lourde allemande bombarde Rembercourt. À cinq heures, le feu prend à l'église. Le rouge de l'incendie se fait plus ardent à mesure que les ténèbres augmentent. À la nuit noire, l'église est un immense brasier. Les poutres de la charpente dessinent la toiture en traits de feu appuyés et en hachures incandescentes. Le clocher n'est plus qu'une braise énorme au cœur de laquelle on aperçoit, toutes noires, les cloches mortes.

La charpente ne s'effondre pas d'un seul coup, mais par larges morceaux. On voit les poutres s'infléchir, céder peu à peu, rester suspendues quelques instants au-dessus de la fournaise, puis y dégringoler avec un bruit étouffé. Et chaque fois jaillit, très haut, une gerbe d'étincelles claires dont le rougeoiement, comme un écho, flotte longtemps sur le ciel sombre.

Je suis resté des heures les yeux attachés à cet incendie, le cœur serré, douloureux. Mes hommes, endormis sur la terre, jalonnaient de leurs corps inertes la ligne des tranchées. Et je ne pouvais me décider à m'étendre et à dormir, comme eux.

Mardi, 8 septembre

Ce matin, les ruines fument encore. La carcasse de pierre se dresse, toute noire sur le ciel limpide.

Sujet B : Réflexion

Comment les hommes peuvent réagir face à des situations de combat ou plus généralement de stress intense ?

Vous répondrez à cette question dans un développement argumenté en vous appuyant sur votre expérience, sur vos lectures, votre culture personnelle et les connaissances acquises dans l'ensemble des disciplines.

Votre rédaction sera d'une longueur minimale de 300 mots environ.

Pour ce sujet, vous deviez apporter une réflexion organisée qui réponde à la question.

Vous deviez décrire plusieurs réactions qui pouvaient être observées (peur qui conduit à l'immobilité, courage et avancée héroïque, ...). Le sujet prenait en compte les situations de guerre, de combat en général et toutes les situations de stress.

Exemple de rédaction :

Les situations de stress, c'est-à-dire les réactions face à des situations jugées dangereuses, sont courantes dans notre vie actuelle : à l'école, au travail, en voiture, … Certaines situations sont peu stressantes et d'autres provoquent des réactions plus violentes. C'est le cas face à un accident de la route, une agression, une prise d'otages, une catastrophe naturelle ou une guerre par exemple. Comment réagissons-nous dans de tels cas ? Nous énumérerons plusieurs réactions possibles qu'elles soient positives ou négatives.

Tout d'abord, il est possible d'être paralysé, figé, incapable d'agir, de parler ou encore de prendre une décision face à un événement totalement inattendu. Certaines victimes d'agression racontent, par exemple, que la surprise de l'attaque et la confrontation avec une situation inconnue ne leur a pas permis de réagir, en se défendant ou d'appeler de l'aide. Elles ont simplement été submergées par la peur.

A l'inverse, la stupeur provoquée peut conduire à une forte agitation qui se matérialise par des mouvements désordonnés et des prises de décisions inattendues. Ainsi, après avoir provoqué un accident, des conducteurs sous le choc fuient au lieu de faire appel aux secours. Ils ne savent plus ce qu'ils font.

Enfin, d'autres réussissent à faire preuve de courage et, contrairement aux réactions qu'ils pensaient avoir, sont finalement capables d'agir avec héroïsme. C'est le stress qui procure une force supplémentaire et inattendue. Ce phénomène explique que certains n'écoutent ni leur instinct de survie, ni leur raison pour sauver des personnes prisonnières du feu par exemple.

Ainsi les réactions face à des situations de stress intense sont multiples et varient selon les individus et le contexte. Il est impossible de prévoir quelle serait sa réaction. Il est par contre possible de suivre une formation pour apprendre à réagir par réflexe, comme grâce aux techniques d'auto-défense.

Printed in Great Britain
by Amazon